TERCEIRIZAÇÃO

GUSTAVO FILIPE BARBOSA GARCIA

TERCEIRIZAÇÃO

➤ Trabalho temporário
➤ Cooperativas de trabalho

6ª edição
revista
atualizada

2021

EDITORA
JusPODIVM
www.editorajuspodivm.com.br

EDITORA
*Jus*PODIVM
www.editorajuspodivm.com.br

Rua Território Rio Branco, 87 – Pituba – CEP: 41830-530 – Salvador – Bahia
Tel: (71) 3045.9051
• Contato: https://www.editorajuspodivm.com.br/sac

Capa: Ana Caquetti

Revisão: Do autor

G216t Garcia, Gustavo Filipe Barbosa.
Terceirização - trabalho temporário, cooperativas de trabalho / Gustavo Filipe Barbosa Garcia. – 6. ed. rev. e atual. – Salvador: Ed. Juspodivm, 2021.
208 p.

Bibliografia.
ISBN 978-65-5680-533-7.

1. Direito do Trabalho. 2. Terceirização. 3. Trabalho temporário I. Garcia, Gustavo Filipe Barbosa. II. Título.

CDD 342.6

"Pois te esquecerás dos teus sofrimentos e deles só terás lembrança como de águas que passaram" (Jó 11:16).

NOTAS PRÉVIAS DO AUTOR

A terceirização e o trabalho temporário podem ser abrangidos no gênero das *relações trilaterais de trabalho*.

Nesse contexto, a presente obra tem como objetivo o estudo dos parâmetros constitucionais e legais da *terceirização de serviços* e do *trabalho temporário*, bem como das *cooperativas de trabalho*, com ênfase em sua evolução legislativa e jurisprudencial, inclusive no âmbito do STF.

A temática em questão apresenta nítida relevância e atualidade, notadamente em razão da Lei 13.429/2017, que alterou a Lei 6.019/1974, e das posteriores modificações decorrentes da Lei 13.467/2017.

Com esse intuito, são analisados os requisitos e os limites a serem observados quanto às mencionadas figuras, as quais apresentam incidência crescente no atual contexto social e econômico.

Sob esse enfoque, defende-se que na terceirização e no trabalho temporário, como não poderia deixar de ser, devem ser respeitados os preceitos fundamentais do Estado Democrático de Direito, assim como os princípios inerentes do Direito do Trabalho, ao disciplinar o seu instituto essencial, qual seja, a relação de emprego.

Gustavo Filipe Barbosa Garcia

NOTA DE ATUALIZAÇÃO

Considerando a atual organização básica dos órgãos da Presidência da República e dos Ministérios (2019), cabe fazer referência aos aspectos a seguir indicados.

Não há mais previsão do Ministério do Trabalho no rol dos Ministérios.

Constituem áreas de competência do *Ministério da Cidadania*, entre outras: política nacional de renda de cidadania; cooperativismo e associativismo urbanos.

Integram a estrutura básica do *Ministério da Cidadania*, entre outros órgãos: o Conselho Nacional de Economia Solidária; até dezenove Secretarias.

O Conselho Nacional de Economia Solidária é órgão colegiado de *composição tripartite*, observada a paridade entre representantes dos trabalhadores e dos empregadores, na forma estabelecida em ato do Poder Executivo federal.

Constituem áreas de competência do *Ministério da Economia*, entre outras: formulação da política de apoio à microempresa, à empresa de pequeno porte e ao artesanato; articulação e supervisão dos órgãos e das entidades envolvidos na integração para registro e legalização de empresas; política e diretrizes para a geração de emprego e renda e de apoio ao trabalhador; política e diretrizes para a modernização das relações de trabalho; fiscalização do trabalho, inclusive do trabalho portuário, e aplicação das sanções previstas em normas legais ou coletivas; política salarial; formação e desenvolvimento profissional; segurança e saúde no trabalho; regulação profissional; registro sindical.

Integram a estrutura básica do *Ministério da Economia*, entre outros órgãos: a Secretaria Especial de Previdência e Trabalho, com até duas Secretarias; a Secretaria Especial de Produtividade, Emprego e Competitividade, com até quatro Secretarias; o Conselho Nacional do Trabalho; o Conselho Curador do Fundo de Garantia do Tempo de Serviço; o Conselho Deliberativo do Fundo de Amparo ao Trabalhador.

O Conselho Nacional do Trabalho, o Conselho Curador do Fundo de Garantia do Tempo de Serviço e o Conselho Deliberativo do Fundo de Amparo ao Trabalhador são órgãos colegiados de *composição tripartite*, com paridade entre representantes dos trabalhadores e dos empregadores, na forma estabelecida em ato do Poder Executivo federal.

Constituem áreas de competência do *Ministério da Justiça e Segurança Pública*, entre outras: defesa da ordem jurídica, dos direitos políticos e das garantias constitucionais; política judiciária; política de imigração laboral.

Integram a estrutura básica do *Ministério da Justiça e Segurança Pública*, entre outros órgãos: o Conselho Federal Gestor do Fundo de Defesa de Direitos Difusos; o Conselho Nacional de Imigração; até seis Secretarias.

O Ministério da Fazenda, o Ministério do Planejamento, Desenvolvimento e Gestão, o Ministério da Indústria, Comércio Exterior e Serviços e o Ministério do Trabalho ficam *transformados* no *Ministério da Economia*.

As competências, a direção e a chefia das unidades administrativas do Ministério do Trabalho até então existentes ficam *transferidas*, até a entrada em vigor das novas estruturas regimentais:

I – para o Ministério da Justiça e Segurança Pública: a) a Coordenação-Geral de Imigração; b) o Conselho Nacional de Imigração;

II – para o Ministério da Cidadania: a) a Subsecretaria de Economia Solidária; b) o Conselho Nacional de Economia Solidária;

III – para o Ministério da Economia: as demais unidades administrativas e órgãos colegiados.

Cabe ao Ministério da Economia prestar o apoio necessário às unidades administrativas acima indicadas até que haja disposição em contrário em ato do Poder Executivo federal ou em ato conjunto dos Ministros de Estado envolvidos.

SUMÁRIO

CAPÍTULO 1

TERCEIRIZAÇÃO E INTERMEDIAÇÃO DE MÃO DE OBRA

1.1 CONCEITO E DISTINÇÃO

A *terceirização* pode ser entendida como a transferência da execução de atividades da empresa tomadora (ou contratante) a empresas prestadoras de serviços.

Terceirização tem o sentido de prestação de serviços a terceiros.

Adotando-se o atual critério legal (art. 4º-A da Lei 6.019/1974, com redação dada pela Lei 13.467/2017), terceirização é a transferência feita pela contratante (tomadora) da execução de quaisquer de suas atividades, inclusive sua atividade principal, à pessoa jurídica de direito privado prestadora de serviços que possua capacidade econômica compatível com a sua execução.

A terceirização, como se pode notar, envolve uma *relação trilateral* entre o empregado, a empresa prestadora de serviço (empregador) e a empresa tomadora (contratante dos serviços).

Entre a empresa tomadora (contratante) e a prestadora de serviço é firmado um contrato de natureza civil ou empresarial (contrato de prestação de serviços).

Diversamente, entre a empresa prestadora de serviço e o empregado é firmado o contrato de trabalho.

O vínculo de emprego, assim, existe entre o empregado e a empresa prestadora de serviço, mas aquele presta o serviço à empresa tomadora (contratante).

A terceirização não se confunde com a *intermediação irregular de mão de obra* (em fraude ao vínculo de emprego), a qual, em regra, é vedada pelo sistema jurídico (art. 9º da CLT), uma vez que o trabalho não pode ser tratado como mercadoria, o que seria contrário ao seu valor social e à dignidade da pessoa humana[1].

Nesse sentido, conforme previa a Súmula 331, item I, do TST:

> "I - A contratação de trabalhadores por empresa interposta é ilegal, formando-se o vínculo diretamente com o tomador dos serviços, salvo no caso de trabalho temporário (Lei nº 6.019, de 03.01.1974)".

Ainda assim, também apresenta conotação trilateral o *trabalho temporário*, em que a empresa tomadora contrata a empresa de trabalho temporário para que sejam fornecidos trabalhadores temporários, pelo prazo e nas hipóteses excepcionalmente admitidas pelo sistema jurídico[2].

---

1. Cf. GARCIA, Gustavo Filipe Barbosa. *Curso de direito do trabalho*. 11. ed. Rio de Janeiro: Forense, 2017. p. 416.
2. Cf. CAVALCANTE JUNIOR, Ophir. *A terceirização das relações laborais*. São Paulo: LTr, 1996. p. 50.

A rigor, a terceirização se distingue do trabalho temporário, pois enquanto aquela diz respeito à prestação de serviços por empresa contratada, neste há o fornecimento de mão de obra à tomadora por meio de empresa interposta (ou seja, pela empresa de trabalho temporário)[3].

1.2 ÂMBITO INTERNACIONAL

A análise da terceirização, em especial quanto à sua licitude, aos seus limites e aos seus efeitos, está intimamente relacionada com o *valor social do trabalho*, que não pode ser tratado como mercadoria, sob pena de afronta à dignidade da pessoa humana.

Nesse enfoque, no âmbito da *doutrina social da Igreja*, merece referência a Encíclica *Mater et Magistra*, de João XXIII, do ano de 1961, ao assim prever:

> "18. Dizem respeito, primeiramente, ao *trabalho que deve ser considerado, em teoria e na prática, não mercadoria, mas um modo de expressão direta da pessoa humana*. Para a grande maioria dos homens, o trabalho é a única fonte dos meios de subsistência.

---

3. Cf. JOÃO, Paulo Sergio. O que muda com o projeto de lei sobre trabalho temporário e terceirização. *Consultor Jurídico*, 24 de março de 2017: "Terceirização pressupõe especialização nos serviços e autonomia na sua execução. A diferença fundamental entre o regime jurídico do trabalho temporário e a prestação de serviços é que no primeiro caso há cessão de mão de obra e, no segundo, o objeto é a prestação de serviços especializados a cargo e responsabilidade da empresa prestadora". Disponível em: <http://www.conjur.com.br/2017-mar-24/reflexoes-trabalhistas-muda-pl-trabalho-temporario-terceirizacao>. Acesso em: 07 abr. 2017.

> Por isso, a sua remuneração não pode deixar-se à mercê do jogo automático das leis do mercado; pelo contrário, deve ser estabelecida segundo as normas da justiça e da equidade, que, em caso contrário, ficariam profundamente lesadas, ainda mesmo que o contrato de trabalho fosse livremente ajustado por ambas as partes" (destaquei)[4].

Na mesma linha, na esfera da Organização Internacional do Trabalho, criada em 1919, destaca-se a seguinte previsão de sua Constituição e Anexo (Declaração de Filadélfia, referente aos fins e objetivos da Organização, de 1944):

> "A Conferência reafirma os princípios fundamentais sobre os quais repousa a Organização, principalmente os seguintes: a) *o trabalho não é uma mercadoria*" (destaquei)[5].

Em razão desse mandamento universal, proíbe-se, em regra, a *intermediação irregular de mão de obra*, na qual a empresa intermediária apenas fornece trabalhador à empresa tomadora.

Como mencionado anteriormente, essa prática não se confunde com a terceirização, em que a execução de atividades são transferidas pelo contratante a empresas

4. Disponível em: <https://w2.vatican.va/content/john-xxiii/pt/encyclicals/documents/hf_j-xxiii_enc_15051961_mater.html>. Acesso em: 07 abr. 2017.

5. Disponível em: <https://www.ilo.org/wcmsp5/groups/public/---americas/---ro-lima/---ilo-brasilia/documents/genericdocument/wcms_336957.pdf>. Acesso em: 21 set. 2019.

prestadoras de serviços, permitindo que aquele se dedique aos principais aspectos de seu objetivo social[6].

1.3 PARÂMETROS CONSTITUCIONAIS E NORMATIVOS

A Constituição Federal de 1988, ao tratar dos princípios fundamentais, dispõe que a República Federativa do Brasil constitui-se em Estado Democrático de Direito e tem como fundamentos: a soberania; a cidadania; a *dignidade da pessoa humana*; os *valores sociais do trabalho* e da livre iniciativa; o pluralismo político (art. 1º).

No âmbito dos direitos fundamentais de natureza social, o art. 7º da Constituição Federal de 1988 arrola os direitos dos trabalhadores urbanos e rurais, além de assegurar outros direitos que visem à melhoria de sua condição social.

---

6. Cf. MANNRICH, Nelson. *A modernização do contrato de trabalho*. São Paulo: LTr, 1998. p. 117: "Quando se fala em atividade econômica, não há vinculação, necessariamente, à ideia de lucro, mas de produção de bens e serviços. Daí a necessidade de a empresa contratada possuir certa especialidade, uma atividade definida, nos termos do contrato social. Inexistindo tal atividade, ou, quando, ao contrário, uma infinidade de objetos aparece no contrato social, há indícios de mera intermediação ilegal ou tráfico de mão de obra, especialmente se houver finalidade lucrativa. A ilegalidade não decorre diretamente de expressa vedação legal, mas, indiretamente, do nosso sistema jurídico, seja do conceito de empregador, que não se ajusta ao de tráfico de mão de obra, seja do conceito de empregado (art. 3º da CLT), devendo-se considerar, também, o art. 9º, da CLT".

Observa-se, assim, o reconhecimento do *princípio da proteção*, inerente ao Direito do Trabalho, notadamente quanto à prevalência da norma mais favorável ao empregado[7].

Portanto, a correta interpretação do sistema jurídico indica que a *relação de emprego*, a qual é disciplinada pelo Direito do Trabalho, merece ênfase e recebe prioridade constitucional, por ser o vínculo que efetivamente garante os direitos trabalhistas, permitindo a redistribuição de renda e que se alcance a justiça social.

A garantia da relação de emprego é essencial para que o modo de produção capitalista observe os limites necessários à preservação da dignidade da pessoa humana nas relações de trabalho.

Dessa forma, apesar da existência de outras modalidades de relações de trabalho (como o autônomo, o eventual, o voluntário e o estagiário), o vínculo de emprego é apto a conferir, em termos globais, à coletividade de trabalhadores o tratamento jurídico necessário à concretização dos objetivos fundamentais da República Federativa do Brasil, previstos no art. 3º da Constituição Federal de 1988, quais sejam: construir uma sociedade livre, justa e solidária; garantir o desenvolvimento nacional; erradicar a pobreza e a marginalização e reduzir as desigualdades sociais e regionais; promover o

7. Cf. PLÁ RODRIGUEZ, Américo *Princípios de direito do trabalho*. 3. ed. Tradução e revisão técnica: Wagner D. Giglio. Tradução das atualizações: Edilson Alkmim Cunha. 3. ed. São Paulo: LTr, 2004. p. 85.

bem de todos, sem preconceitos de origem, raça, sexo, cor, idade e quaisquer outras formas de discriminação.

Frise-se ainda que a *ordem econômica*, fundada na valorização do trabalho humano e na livre iniciativa, tem por fim assegurar a todos existência digna, conforme os ditames da justiça social (art. 170 da Constituição Federal de 1988).

Do mesmo modo, a *ordem social* tem como base o primado do trabalho, e como objetivo o bem-estar e a justiça social (art. 193 da Constituição da República).

Logo, a terceirização de serviços, embora fundada na livre iniciativa, objetivando alcançar mais eficiência, produtividade, redução de custos e competitividade à empresa[8], não pode ser admitida em contrariedade ao valor do trabalho, à dignidade humana e à justiça social.

Isso justifica a previsão no sistema jurídico de certos preceitos quanto à terceirização, bem como de exigências quanto a essa modalidade de prestação de serviços a terceiros.

---

8. Cf. MARTINS, Sergio Pinto. *A terceirização e o direito do trabalho*. 3. ed. São Paulo: Malheiros, 1997. p. 22: "O objetivo principal da terceirização não é apenas a redução de custos, mas também trazer maior agilidade, flexibilidade e competitividade à empresa. Esta pretende com a terceirização a transformação de seus custos fixos em variáveis, possibilitando o melhor aproveitamento do processo produtivo, com a transferência de numerário para aplicação em tecnologia ou no seu desenvolvimento, e também em novos produtos".

Frise-se ainda que o Decreto 9.571/2018 estabelece as Diretrizes Nacionais sobre Empresas e Direitos Humanos.

As Diretrizes em questão serão implementadas "voluntariamente" pelas empresas (art. 1º, § 2º, do Decreto 9.571/2018). Apesar dessa previsão, cabe ressaltar que os direitos humanos, em si, são prerrogativas essenciais à dignidade da pessoa humana e devem ser observados imperativamente por todos, inclusive pelas empresas.

São *eixos orientadores* das Diretrizes Nacionais sobre Empresas e Direitos Humanos: a obrigação do Estado com a proteção dos direitos humanos em atividades empresariais; a responsabilidade das empresas com o respeito aos direitos humanos; o acesso aos mecanismos de reparação e remediação para aqueles que, nesse âmbito, tenham seus direitos afetados; a implementação, o monitoramento e a avaliação das Diretrizes (art. 2º do Decreto 9.571/2018).

A responsabilidade do Estado com a proteção dos direitos humanos em atividades empresariais deve ser pautada, entre outras, pelas seguintes diretrizes: garantia de condições de trabalho dignas para seus recursos humanos, por meio de ambiente produtivo, com remuneração adequada e em condições de liberdade, equidade e segurança, com estímulo à observância desse objetivo pelas empresas; combate à discriminação nas relações de trabalho e promoção da valorização da diversidade; promoção e apoio às medidas de inclusão e de não discriminação, com criação de programas de incentivos para contratação de grupos vulneráveis; estímulo à negociação permanente sobre as condições de trabalho e a resolução de conflitos, a fim de evitar litígios; aperfeiçoamento dos programas e das políticas públicas de combate ao trabalho infantil e ao trabalho análogo à escravidão (art. 3º, incisos XI a XV, do Decreto 9.571/2018).

Cabe às empresas o respeito: aos direitos humanos protegidos nos tratados internacionais dos quais o seu Estado de incorporação ou de controle sejam signatários; aos direitos e às garantias fundamentais previstos na Constituição da República (art. 4º do Decreto 9.571/2018).

Em verdade, se a empresa tem atuação no Brasil, os direitos humanos assegurados em tratados internacionais em vigor no País, evidentemente, também devem ser respeitados. Nesse sentido, os direitos e garantias expressos na Constituição Federal de 1988 não excluem outros decorrentes do regime e dos princípios por ela adotados, ou dos tratados internacionais em que a República Federativa do Brasil seja parte (art. 5º, § 2º, da CF/1988).

Cabe, ainda, às empresas:

I - monitorar o respeito aos direitos humanos na *cadeia produtiva vinculada à empresa*;

II - divulgar internamente os instrumentos internacionais de responsabilidade social e de direitos humanos, tais como: a) os Princípios Orientadores sobre Empresas e Direitos Humanos da Organização das Nações Unidas; b) as Diretrizes para Multinacionais da Organização para a Cooperação e Desenvolvimento Econômico; c) as *Convenções da Organização Internacional do Trabalho*;

III - implementar atividades educativas em direitos humanos para seus recursos humanos e seus "colaboradores", com disseminação da legislação nacional e dos parâmetros internacionais, com foco nas normas relevantes para a prática dos indivíduos e os riscos para os direitos humanos;

IV - utilizar mecanismos de educação, de conscientização e de treinamento, tais como cursos, palestras e avaliações de aprendizagem, para que seus dirigentes, empregados, "colaboradores", distribuidores, parceiros comerciais e terceiros conheçam os valores, as normas e as políticas da empresa e conheçam seu papel para o sucesso dos programas;

V - redigir código de conduta publicamente acessível, aprovado pela alta administração da empresa, que deve conter os seus engajamentos e as suas políticas de implementação dos direitos humanos na atividade empresarial (art. 5º do Decreto 9.571/2018).

É responsabilidade das empresas *não violar os direitos de sua força de trabalho*, de seus clientes e das comunidades, mediante o controle de riscos e o dever de enfrentar os impactos adversos em direitos humanos com os quais tenham algum envolvimento (art. 6º do Decreto 9.571/2018).

Compete às empresas garantir *condições decentes de trabalho*, por meio de ambiente produtivo, com remuneração adequada, em condições de liberdade, equidade e segurança, com iniciativas para:

I - manter ambientes e locais de trabalho acessíveis às pessoas com deficiência, mesmo em áreas ou atividades onde não há atendimento ao público, a fim de que tais pessoas encontrem, no ambiente de trabalho, as condições de acessibilidade necessárias ao desenvolvimento pleno de suas atividades;

II - observar os direitos de seus "colaboradores" de: a) se associar livremente; b) afiliar-se a sindicatos de trabalhadores; c) participar dos conselhos de trabalho; d) envolver-se em negociações coletivas; e) receber os benefícios previstos em lei, incluídos os repousos legais; f) não exceder a jornada de trabalho legal;

III - manter compromisso com as políticas de erradicação do trabalho análogo à escravidão e garantir ambiente de trabalho saudável e seguro;

IV - não manter relações comerciais ou relações de investimentos, seja de *subcontratação*, seja de aquisição de bens e serviços, com empresas ou pessoas que violem os direitos humanos;

V - respeitar os direitos de crianças e adolescentes, de forma a incluir, em seus planos de trabalho, assim como exigir de seus fornecedores, empresas coligadas, controladas, subsidiárias e parceiras, ações preventivas e reparatórias para evitar riscos, impactos e violações a direitos de crianças e adolescentes, especialmente as de enfrentamento, erradicação do trabalho infantil e exploração sexual de crianças e adolescentes;

VI - avaliar e monitorar os contratos firmados com seus *fornecedores de* bens e *serviços*, parceiros e clientes que contenham cláusulas de direitos humanos que impeçam o trabalho infantil ou o trabalho análogo à escravidão;

VII - adotar medidas de prevenção e precaução, para evitar ou minimizar os impactos adversos que as suas atividades podem causar direta ou indiretamente sobre os direitos humanos, a saúde e a segurança de seus empregados;

VIII - assegurar a aplicação vertical de medidas de prevenção a violações de direitos humanos (art. 7º do Decreto 9.571/2018).

A inexistência de certeza científica absoluta não será invocada como argumento para adiar a adoção de medidas para evitar violações aos direitos humanos, à saúde e à segurança dos empregados.

As medidas de prevenção e precaução a violações aos direitos humanos devem ser adotadas em toda a *cadeia de produção dos grupos empresariais.*

Cabe às empresas *combater a discriminação nas relações de trabalho* e promover a valorização e o respeito da diversidade em suas áreas e hierarquias, com ênfase em: resguardar a igualdade de salários e de benefícios para cargos e funções com atribuições semelhantes, independentemente de critério de gênero, orientação sexual, étnico-racial, de origem, geracional, religiosa, de aparência física e de deficiência; adotar políticas de metas percentuais crescentes de preenchimento de vagas e de promoção hierárquica para essas pessoas, contempladas a diversidade e a pluralidade, ainda que para o preenchimento dessas vagas seja necessário proporcionar cursos e treinamentos específicos; promover o acesso da juventude à formação para o trabalho em condições adequadas; respeitar e promover os direitos das pessoas idosas e promover a sua empregabilidade;

respeitar e promover os direitos das pessoas com deficiência e garantir a acessibilidade igualitária, a ascensão hierárquica, a sua empregabilidade e a realização da política de cotas; respeitar e promover o direito de grupos populacionais que tiveram dificuldades de acesso ao emprego em função de práticas discriminatórias; respeitar e promover os direitos das mulheres para sua plena cidadania, empregabilidade e ascensão hierárquica; buscar a erradicação de todas as formas de desigualdade e discriminação; respeitar a livre orientação sexual, a identidade de gênero e a igualdade de direitos em âmbito empresarial; efetivar os direitos sociais, econômicos e culturais das comunidades locais e dos povos tradicionais, respeitadas a sua identidade social e cultural e a sua fonte de subsistência e promover consulta prévia e diálogo constante com a comunidade (art. 8º do Decreto 9.571/2018).

Compete às empresas identificar os riscos de impacto e a violação a direitos humanos no contexto de suas operações, com a adoção de ações de prevenção e de controle adequadas e efetivas (art. 9º do Decreto 9.571/2018).

É responsabilidade das empresas estabelecer mecanismos operacionais de denúncia e de reclamação que permitam identificar os riscos e os impactos e reparar as violações, quando couber, em especial:

I - instituir mecanismos de denúncia, apuração e medidas corretivas, assegurados o sigilo e o anonimato aos denunciantes de boa-fé, de modo que tais instrumentos estejam acessíveis a "colaboradores", fornecedores, parceiros e comunidade de entorno e sejam transparentes, imparciais e aptos a tratar de questões que envolvam ameaças aos direitos humanos, além de terem fluxos e prazos para a resposta previamente estabelecidos e amplamente divulgados;

II - implementar sistema de gerenciamento de riscos de abusos de direitos humanos, incluídos o gerenciamento de riscos sobre a saúde e a segurança dos empregados, com a identificação dos impactos negativos sobre os direitos humanos, *direta ou indiretamente* relacionados com a sua atividade;

III - adotar política de comunicação, fiscalização e sanção direcionada aos seus "colaboradores" e buscar a promoção do respeito aos direitos humanos e à prevenção de riscos e violações;

IV - divulgar os canais internos de denúncia e os canais públicos de denúncias de ofensas a direitos humanos;

V - adequar a empresa e suas coligadas, controladas, suas subsidiárias, suas parceiras e seus fornecedores às exigências e às proibições legais em relação ao combate à corrupção, aos comportamentos antiéticos e ao *assédio moral*, entre outros;

VI - fomentar cultura de ética e de respeito às leis, notadamente aquelas que dizem respeito à lisura do processo de contratação pública, por meio de declarações documentadas da alta administração da empresa aos seus empregados, "colaboradores" e parceiros e esclarecer os padrões éticos da empresa;

VII - criar e manter: a) programa de integridade na empresa; b) instância responsável pelo referido programa de integridade, dotada de autonomia, imparcialidade, recursos materiais, humanos e financeiros, com possibilidade de acesso direto ao maior nível decisório da empresa e com a atribuição de rever o programa periodicamente;

VIII - estabelecer procedimentos de controle interno e de verificação de aplicabilidade do programa de integridade, inclusive com a apresentação de relatórios frequentes e a publicação de demonstrações financeiras;

IX - instituir processos internos que permitam investigações para atender prontamente às denúncias de comportamentos antiéticos, de forma a garantir que os fatos sejam identificados e averiguados com credibilidade, de forma rigorosa, independente e analítica e que os culpados sejam devidamente responsabilizados, admitidas a advertência e a "demissão";

X - publicar anualmente as ações realizadas para promoção da integridade e controle de corrupção (art. 10 do Decreto 9.571/2018).

É responsabilidade das empresas adotar medidas de garantia de transparência ativa, com divulgação de informações relevantes, de documentos acessíveis às partes interessadas, quanto aos mecanismos de proteção de direitos humanos e de prevenção e de reparação de violações de direitos humanos na *cadeia produtiva* (art. 11 do Decreto 9.571/2018).

O Estado deve manter mecanismos de denúncia e reparação judiciais e não judiciais, de modo a produzir levantamento técnico sobre mecanismos estatais de reparação das violações de direitos humanos relacionadas com empresas, como fortalecer as ações de fiscalização na hipótese de infração de *direitos trabalhistas* e ambientais (art. 13, inciso XII, do Decreto 9.571/2018).

Compete à administração pública incentivar que as empresas estabeleçam ou participem de mecanismos de denúncia e reparação efetivos e eficazes, que permitam propor reclamações e reparar violações dos direitos humanos relacionadas com atividades empresariais.

A *reparação integral* de pessoas e comunidades atingidas pode incluir as seguintes medidas, exemplificativas e passíveis de aplicação, que podem ser cumulativas: pedido público de desculpas; restituição; reabilitação; compensações econômicas ou não econômicas; sanções punitivas, como multas, sanções penais ou sanções administrativas; medidas de prevenção de novos danos como liminares ou garantias de não repetição (art. 15 do Decreto 9.571/2018).

Os procedimentos de reparação devem ser claros e transparentes em suas etapas, amplamente divulgados para todas as partes interessadas, com garantia da imparcialidade, da equidade de tratamento entre os indivíduos e serem passíveis de monitoramento de sua efetividade a partir de indicadores quantitativos e qualitativos de direitos humanos.

A Lei 13.874/2019 instituiu a *Declaração de Direitos de Liberdade Econômica*, que estabelece normas de proteção à livre iniciativa e ao livre exercício de atividade econômica e disposições sobre a atuação do Estado como agente normativo e regulador, nos termos do inciso IV do art. 1º, do parágrafo único do art. 170

e do *caput* do art. 174 da Constituição Federal de 1988 (art. 1º).

Entretanto, deve-se ressaltar que a livre iniciativa não é o único fundamento do Estado Democrático de Direito, merecendo destaque a dignidade da pessoa humana e o valor social do trabalho (art. 1º da Constituição da República).

Na verdade, a ordem econômica é fundada na *valorização do trabalho humano* e na livre iniciativa, tendo por fim assegurar a todos existência digna, conforme os ditames da justiça social, observados os seguintes princípios: I - soberania nacional; II - propriedade privada; III - função social da propriedade; IV - livre concorrência; V - defesa do consumidor; VI - defesa do meio ambiente, inclusive mediante tratamento diferenciado conforme o impacto ambiental dos produtos e serviços e de seus processos de elaboração e prestação; VII - redução das desigualdades regionais e sociais; VIII - busca do pleno emprego; IX - tratamento favorecido para as empresas de pequeno porte constituídas sob as leis brasileiras e que tenham sua sede e administração no País (art. 170 da Constituição Federal de 1988).

É assegurado a todos o livre exercício de qualquer atividade econômica, independentemente de autorização de órgãos públicos, salvo nos casos previstos em lei (art. 170, parágrafo único, da Constituição da República).

Nesse contexto, são princípios que norteiam o disposto na Lei 13.874/2019: I - a liberdade como uma garantia no exercício de atividades econômicas; II - a boa-fé do particular perante o poder público; III - a intervenção subsidiária e excepcional do Estado sobre o exercício de atividades econômicas; IV - o reconhecimento da vulnerabilidade do particular perante o Estado (art. 2º da Lei 13.874/2019). Cabe ao regulamento dispor sobre os critérios de aferição para afastamento do inciso IV, limitados a questões de má-fé, hipersuficiência ou reincidência.

Como agente normativo e regulador da atividade econômica, o Estado deve exercer, na forma da lei, as funções de fiscalização, incentivo e planejamento, sendo este determinante para o setor público e indicativo para o setor privado (art. 174 da Constituição Federal de 1988).

O disposto na Lei 13.874/2019 deve ser observado na aplicação e na interpretação do Direito Civil, Empresarial, Econômico, Urbanístico e do Trabalho nas relações jurídicas que se encontrem no seu âmbito de aplicação e na ordenação pública, inclusive sobre exercício das profissões, comércio, juntas comerciais, registros públicos, trânsito, transporte e proteção ao meio ambiente (art. 1º, § 1º, da Lei 13.874/2019).

Na realidade, os mandamentos constitucionais, notadamente os *objetivos fundamentais* da República Federativa do Brasil (art. 3º da Constituição Federal de 1988), é que devem nortear a aplicação e a interpretação do Direito, inclusive do Direito Civil, Empresarial, Econômico, Urbanístico e do Trabalho.

Interpretam-se em favor da liberdade econômica, da boa-fé e do respeito aos contratos, aos investimentos e à propriedade todas as normas de ordenação pública sobre atividades econômicas privadas (art. 1º, § 2º, da Lei 13.874/2019).

Ainda assim, cabe salientar que no Estado Democrático de Direito os contratos e a propriedade devem atender a sua *função social* (arts. 5º, inciso XXIII, 170, inciso III, 182, § 2º, e 186 da Constituição da República), respeitando as normas de ordem pública.

A liberdade contratual deve ser exercida nos limites da função social do contrato (art. 421 do Código Civil, com redação dada pela Lei 13.874/2019).

Frise-se que um dos direitos de toda pessoa, natural ou jurídica, essencial para o desenvolvimento e o crescimento econômicos do País, observando-se o disposto no parágrafo único do art. 170 da Constituição Federal de 1988, é o de desenvolver atividade econômica em qualquer horário ou dia da semana, inclusive feriados, sem que para isso esteja sujeita a cobranças ou encargos adicionais, observadas, entre outras, as normas de proteção ao meio ambiente e a *legislação trabalhista* (art. 3º, inciso II, alíneas *a* e *c*, da Lei 13.874/2019).

Além disso, é direito de toda pessoa, natural ou jurídica, essencial para o desenvolvimento e o crescimento econômicos do País, observado o disposto no parágrafo único do art. 170 da Constituição Federal de 1988, o de desenvolver *atividade econômica de baixo risco*, para a qual se valha exclusivamente de propriedade privada própria ou de terceiros consensuais, sem a necessidade de quaisquer atos públicos de liberação da atividade econômica (art. 3º, inciso I, da Lei 13.874/2019).

Para fins do disposto na Lei 13.874/2019, consideram-se *atos públicos de liberação* a licença, a autorização, a concessão, a inscrição, a permissão, o alvará, o cadastro, o credenciamento, o estudo, o plano, o registro e os demais atos exigidos, sob qualquer denominação, por órgão ou entidade da administração pública na aplicação de legislação, como condição para o exercício de atividade econômica, inclusive o início, a continuação e o fim para a instalação, a construção, a operação, a produção, o funcionamento, o uso, o exercício ou a realização, no âmbito público ou privado, de atividade, serviço, estabelecimento, profissão, instalação, operação, produto, equipamento, veículo, edificação e outros (art. 1º, § 6º, da Lei 13.874/2019).

Ainda quanto ao tema, é direito de toda pessoa, natural ou jurídica, essencial para o desenvolvimento e o crescimento econômicos do País, observando-se o disposto no parágrafo único do art. 170 da Constituição Federal de 1988, ter a garantia de que, nas *solicitações de atos públicos de liberação da atividade econômica* que se sujeitam ao disposto na Lei 13.874/2019, apresentados todos os elementos necessários à instrução do processo, o particular deve ser cientificado expressa e imediatamente do prazo máximo estipulado para a análise de seu pedido e de que, transcorrido o prazo fixado, o silêncio da autoridade competente importará *aprovação tácita* para todos os efeitos, sendo ressalvadas as hipóteses expressamente vedadas em lei (art. 3º, inciso IX, da Lei 13.874/2019).

Saliente-se, por fim, que os preceitos relativos à ordem econômica devem estar em harmonia com a ordem social, a qual tem como base o *primado do trabalho*, e como objetivo o bem-estar e a justiça sociais (art. 193 da Constituição da República).

CAPÍTULO 2

TRABALHO TEMPORÁRIO

2.1 CONCEITO

Trabalho temporário é aquele prestado por pessoa física contratada por uma empresa de trabalho temporário que a coloca à disposição de uma empresa tomadora de serviços, para atender à *necessidade de substituição transitória de pessoal permanente* ou à *demanda complementar de serviços* (art. 2º da Lei 6.019/1974, com redação dada pela Lei 13.429/2017)[1].

Considera-se *complementar* a demanda de serviços que seja oriunda de fatores imprevisíveis ou, quando decorrente de fatores previsíveis, tenha natureza intermitente, periódica ou sazonal (art. 2º, § 2º, da Lei 6.019/1974, acrescentado pela Lei 13.429/2017).

Não se consideram demanda complementar de serviços: as demandas contínuas ou permanentes; ou as demandas decorrentes da abertura de filiais (art. 3º, parágrafo único, do Decreto 10.060/2019).

1. Cf. MANNRICH, Nelson. *A modernização do contrato de trabalho*. São Paulo: LTr, 1998. p. 201: "As hipóteses de utilização do trabalho temporário são restritas, para impedir o abuso e a fraude".

Considera-se substituição transitória de pessoal permanente a substituição de trabalhador permanente da empresa tomadora de serviços ou cliente afastado por motivo de suspensão ou interrupção do contrato de trabalho, tais como férias, licenças e outros afastamentos previstos em lei (art. 3º, inciso V, do Decreto 10.060/2019).

A redação original do art. 2º da Lei 6.019/1974 previa que o trabalho temporário era prestado por pessoa física a uma empresa, para atender necessidade transitória de substituição de seu pessoal regular e permanente ou a acréscimo extraordinário de serviços.

Desse modo, anteriormente, a Instrução Normativa 114/2014, da Secretaria de Inspeção do Trabalho, no art. 2º, § 1º, considerava acréscimo extraordinário de serviços o aumento excepcional da atividade da empresa ou de setor dela, provocado por um fato determinado e identificável.

O art. 2º, § 2º, da Instrução Normativa SIT 114/2014 dispunha que não se consideravam extraordinários os acréscimos de serviço comuns do ramo de negócio do tomador e que faziam parte do risco do empreendimento, bem como os decorrentes do crescimento da empresa, da expansão de seus negócios ou da abertura de filiais.

Ainda nessa época, em consonância com o art. 2º, § 3º, da Instrução Normativa SIT 114/2014, demandas sazonais, entendidas como aquelas que, embora previsíveis, representavam um aumento expressivo e significativo na atividade da empresa para atender a um evento episódico no decorrer do ano, justificavam a contratação por acréscimo de extraordinário de serviços.

É proibida a contratação de trabalho temporário para a substituição de trabalhadores em greve, salvo nos casos previstos em lei (art. 2º, § 1º, da Lei 6.019/1974, acrescentado pela Lei 13.429/2017).

Conforme o art. 7º, parágrafo único, da Lei 7.783/1989, é vedada a rescisão de contrato de trabalho durante a greve, bem como a contratação de trabalhadores substitutos, exceto na ocorrência das hipóteses previstas nos arts. 9º[2] e 14[3] do referido diploma legal.

Sendo assim, pode-se concluir que em caso de *greve abusiva* é possível haver a contratação de trabalho temporário.

---

2. "Art. 9º Durante a greve, o sindicato ou a comissão de negociação, mediante acordo com a entidade patronal ou diretamente com o empregador, manterá em atividade equipes de empregados com o propósito de assegurar os serviços cuja paralisação resultem em prejuízo irreparável, pela deterioração irreversível de bens, máquinas e equipamentos, bem como a manutenção daqueles essenciais à retomada das atividades da empresa quando da cessação do movimento. Parágrafo único. Não havendo acordo, é assegurado ao empregador, enquanto perdurar a greve, o direito de contratar diretamente os serviços necessários a que se refere este artigo".
3. "Art. 14 Constitui abuso do direito de greve a inobservância das normas contidas na presente Lei, bem como a manutenção da paralisação após a celebração de acordo, convenção ou decisão da Justiça do Trabalho. Parágrafo único. Na vigência de acordo, convenção ou sentença normativa não constitui abuso do exercício do direito de greve a paralisação que: I - tenha por objetivo exigir o cumprimento de cláusula ou condição; II - seja motivada pela superveniência de fatos novo ou acontecimento imprevisto que modifique substancialmente a relação de trabalho".

A relação de trabalho em estudo, assim, é regida pela Lei 6.019, de 3 de janeiro de 1974 (modificada pela Lei 13.429/2017), que é regulamentada pelo Decreto 10.060, de 14 de outubro de 2019.

O mencionado trabalhador mantém relação jurídica com a empresa de trabalho temporário, a qual o coloca à disposição da empresa tomadora ou cliente, em razão de contrato firmado entre as duas empresas.

Considera-se contrato individual de trabalho temporário o contrato de trabalho individual escrito, celebrado entre o trabalhador e a empresa de trabalho temporário (art. 3º, inciso VI, do Decreto 10.060/2019).

Considera-se contrato de prestação de serviços de colocação à disposição de trabalhador temporário o contrato escrito, celebrado entre a empresa de trabalho temporário e a empresa tomadora de serviços ou cliente, para a prestação de serviços de colocação de trabalhadores temporários a que se refere o art. 9.º da Lei 6.019/1974 (art. 3º, inciso VII, do Decreto 10.060/2019).

Embora indicado por parte da doutrina como modalidade expressamente prevista em lei de terceirização[4], no trabalho temporário o que ocorre, na realida-

---

4. Cf. PRUNES, José Luiz Ferreira. *Trabalho terceirizado e composição industrial*. 2. ed. Curitiba: Juruá, 2000. p. 15: "Uma das formas de terceirização já foi encontrada através da Lei 6.019/1970, mas esta – afirmamos – só visa o trabalho temporário"; DELGADO, Mauricio Godinho. *Curso de direito do trabalho*. 15. ed. São Paulo: LTr, 2016. p. 512: "A ordem jurídica regula detalhadamente a situação-tipo de terceirização efetuada através do chamado *trabalho temporário*" (destaques do original).

de, não é a transferência da execução de atividades da contratante a empresa prestadora de serviços, mas sim o fornecimento de mão de obra, em regra vedado pelo sistema jurídico, embora admitido, excepcionalmente, nas hipóteses legais em questão[5].

Nesse sentido, o trabalho temporário não se confunde com a prestação de serviços a terceiros, de que trata o art. 4º-A da Lei 6.019/1974 (art. 2º, parágrafo único, do Decreto 10.060/2019).

Se estiverem ausentes as razões justificadoras dessa modalidade contratual, ou se excedido o prazo legal de prestação de serviços, a relação de emprego forma-se diretamente com a empresa tomadora, tendo em vista a fraude na contratação de trabalho temporário (art. 9º da CLT).

2.2 EMPRESA DE TRABALHO TEMPORÁRIO

A prestação do serviço pelo trabalhador temporário ocorre por meio da empresa de trabalho temporário.

É reconhecida a atividade da empresa de trabalho temporário, que integra o plano básico do enquadramento sindical a que se refere o art. 577 da CLT (art. 3º da Lei 6.019/1974).

Desse modo, *empresa de trabalho temporário* é a pessoa jurídica, devidamente registrada no Ministério do Trabalho (atualmente Ministério da Economia), responsável pela colocação de trabalhadores à disposição

5. Cf. CARELLI, Rodrigo de Lacerda. *Formas atípicas de trabalho*. São Paulo: LTr, 2004. p. 20. p. 32-33.

de outras empresas temporariamente (art. 4º da Lei 6.019/1974).

A previsão original do art. 4º da Lei 6.019/1974 conceituava a empresa de trabalho temporário como pessoa física ou jurídica *urbana*, de modo que, anteriormente, não se admitia a referida modalidade contratual na esfera rural[6].

Com a Lei 13.429/2017, o trabalho temporário passa a ser possível também no âmbito rural.

Empresa tomadora de serviços, por seu turno, é a pessoa jurídica ou entidade a ela equiparada que celebra contrato de prestação de trabalho temporário com a empresa de trabalho temporário (art. 5º da Lei 6.019/1974).

A pessoa física, portanto, não pode figurar como tomadora de serviços no trabalho temporário.

Quanto às entidades equiparadas à pessoa jurídica, podem ser assim consideradas as empresas individuais e os entes despersonalizados (como os condomínios) que recebem tratamento jurídico similar às pessoas jurídicas.

---

6. Cf. CARELLI, Rodrigo de Lacerda. *Formas atípicas de trabalho*. São Paulo: LTr, 2004. p. 24: "Por ser a lei clara e trazer expressamente a vedação, e ainda mais se tratando de exceção à regra geral de contratação, o que por si só já mereceria interpretação restritiva, não há como aceitar a existência de empresa de trabalho temporário rural, devendo o vínculo ser tomado diretamente com o empregador, utilizando-se das formas contratuais já existentes, como o próprio contrato de safra".

São requisitos para funcionamento e registro da empresa de trabalho temporário no Ministério do Trabalho (atualmente Ministério da Economia): prova de inscrição no Cadastro Nacional da Pessoa Jurídica (CNPJ), do Ministério da Fazenda; prova do competente registro na Junta Comercial da localidade em que tenha sede; prova de possuir capital social de, no mínimo, R$ 100.000,00 (art. 6° da Lei 6.019/1974).

2.3 EMPRESA CONTRATANTE OU TOMADORA

O contrato celebrado pela empresa de trabalho temporário e a tomadora de serviços deve ser por escrito, ficará à disposição da autoridade fiscalizadora no estabelecimento da tomadora de serviços e conterá: qualificação das partes; motivo justificador da demanda de trabalho temporário; prazo da prestação de serviços; valor da prestação de serviços; disposições sobre a segurança e a saúde do trabalhador, independentemente do local de realização do trabalho (art. 9° da Lei 6.019/1974).

É responsabilidade da empresa contratante (tomadora) garantir as condições de segurança, higiene e salubridade dos trabalhadores, quando o trabalho for realizado em suas dependências ou em local por ela designado (art. 9º, § 1º, da Lei 6.019/1974).

Vale dizer, se trabalhador temporário prestar serviço no estabelecimento da empresa tomadora ou em outro local por ela indicado, esta responde pela higidez do meio ambiente de trabalho, inclusive em casos de acidentes de trabalho e doenças ocupacionais.

Entende-se, assim, que as indenizações decorrentes desses eventos são de responsabilidade solidária da empresa de trabalho temporário e da empresa contratante, inclusive com fundamento no art. 942 do Código Civil[7].

A contratante deve estender ao trabalhador da empresa de trabalho temporário o mesmo atendimento médico, ambulatorial e de refeição destinado aos seus empregados, existente nas dependências da contratante, ou local por ela designado (art. 9º, § 2º, da Lei 6.019/1974).

O contrato de trabalho temporário pode versar sobre o desenvolvimento de *atividades-meio e atividades-fim* a serem executadas na empresa tomadora de serviços (art. 9º, § 3º, da Lei 6.019/1974).

Logo, no trabalho temporário, por se tratar de modalidade excepcional, especificamente prevista em lei, de fornecimento de mão de obra, o trabalhador temporário pode atuar tanto em atividades-meio quanto em atividades-fim da empresa tomadora.

Efetivamente, se a prestação de serviços pode ocorrer para atender à necessidade de substituição transitória de pessoal permanente ou à demanda complementar de serviços da empresa tomadora (art. 2º da Lei 6.019/1974), é natural que isso ocorra em quaisquer atividades (meio ou fim) da tomadora. Isso explica a

7. "Art. 942. Os bens do responsável pela ofensa ou violação do direito de outrem ficam sujeitos à reparação do dano causado; e, se a ofensa tiver mais de um autor, todos responderão solidariamente pela reparação. Parágrafo único. São solidariamente responsáveis com os autores os co-autores e as pessoas designadas no art. 932".

ressalva que era feita no item I, parte final, da Súmula 331 do TST[8].

Além disso, como destaca Amauri Mascaro Nascimento, também "é subordinado o *trabalhador temporário*"[9].

Nesse sentido, conforme explicita o art. 5º da Instrução Normativa 114/2014 da Secretaria de Inspeção do Trabalho:

> "É lícito à empresa tomadora ou cliente exercer, durante a vigência do contrato firmado com a empresa de trabalho temporário, o poder diretivo sobre o trabalhador colocado à sua disposição, inclusive em tarefas vinculadas à sua atividade-fim".

Sendo assim, na hipótese em estudo, verifica-se a existência de subordinação do trabalhador temporário mesmo em face da empresa tomadora, o que decorre da própria natureza da contratação.

Sobre o tema, Nelson Mannrich esclarece que no trabalho temporário "quem dirige a prestação pessoal dos serviços é o tomador", destacando que, nesse caso, "a transferência do poder diretivo é legal"[10].

---

8. "I - A contratação de trabalhadores por empresa interposta é ilegal, formando-se o vínculo diretamente com o tomador dos serviços, *salvo no caso de trabalho temporário* (Lei nº 6.019, de 03.01.1974)".
9. NASCIMENTO, Amauri Mascaro. *Curso de direito do trabalho.* 19. ed. São Paulo: Saraiva, 2004. p. 424 (destaques do original).
10. MANNRICH, Nelson. *A modernização do contrato de trabalho.* São Paulo: LTr, 1998. p. 194.

Obviamente, como o vínculo do trabalhador é com a empresa de trabalho temporário, não se pode afastar a possibilidade de esta também exercer, em certos aspectos, seu poder de direção[11], especialmente quanto ao âmbito disciplinar[12].

Portanto, observa-se que existe subordinação do trabalhador temporário mesmo perante a empresa tomadora, como decorrência da natureza dessa relação jurídica trilateral.

Nessa linha, a empresa tomadora de serviços ou cliente exercerá o poder técnico, disciplinar e diretivo sobre os trabalhadores temporários colocados à sua disposição (art. 18 do Decreto 10.060/2019).

Qualquer que seja o ramo da empresa tomadora de serviços, não existe vínculo de emprego entre ela e os trabalhadores contratados pelas empresas de trabalho temporário (art. 10 da Lei 6.019/1974).

Essa ausência de relação de emprego entre o trabalhador temporário e a empresa tomadora depende da observância dos requisitos legais do trabalho temporário.

---

11. No entendimento de Sergio Pinto Martins: "É o trabalhador temporário subordinado à empresa de trabalho temporário, embora preste serviços à empresa tomadora de serviços ou cliente, recebendo sua remuneração também da empresa de trabalho temporário" (*Direito do trabalho*. 5. ed. São Paulo: Malheiros, 1998. p. 125).

12. Cf. MANNRICH, Nelson. *A modernização do contrato de trabalho*. São Paulo: LTr, 1998. p. 200: "O trabalhador submete-se, por determinação legal, ao poder de direção e controle da empresa usuária, ficando o poder disciplinar a cargo da empresa de trabalho temporário. A empresa-cliente comunica-lhe eventuais atos indisciplinares dos trabalhadores".

Em caso de trabalho temporário irregular, ou seja, com violação de suas disposições legais, forma-se o vínculo de emprego do trabalhador temporário com a empresa tomadora dos serviços, a qual passa a ser considerada a verdadeira empregadora. Nessa hipótese específica, a empresa de trabalho temporário responde de forma solidária pelos créditos trabalhistas, por ter participado da fraude, conforme art. 942 do Código Civil[13].

2.4 PRAZO

O contrato de trabalho temporário, em relação ao mesmo empregador, não pode exceder ao prazo de 180 dias, consecutivos ou não (art. 10, § 1º, da Lei 6.019/1974).

O contrato pode ser prorrogado por até 90 dias, consecutivos ou não, além do referido prazo de 180 dias, quando comprovada a manutenção das condições que o ensejaram (art. 10, § 2º, da Lei 6.019/1974).

O art. 27 do Decreto 10.060/2019 esclarece que o prazo de duração do contrato individual de trabalho temporário não pode ser superior a 180 dias corridos, independentemente de a prestação de serviço ocorrer em dias consecutivos ou não. Comprovada a manutenção das condições que ensejaram a contratação temporária, o contrato pode ser prorrogado apenas uma vez,

---

13. Cf. MANNRICH, Nelson. *A modernização do contrato de trabalho*. São Paulo: LTr, 1998. p. 194: "se há responsabilidade subsidiária entre o tomador do serviço e a empresa de trabalho temporário, na intermediação ilegal, a responsabilidade é solidária"; LORENZETTI, Ari Pedro. *A responsabilidade pelos créditos trabalhistas*. São Paulo: LTr, 2003. p. 326.

por até 90 dias corridos, independentemente de a prestação de trabalho ocorrer em dias consecutivos ou não.

O *contrato de trabalho temporário* é mantido entre o trabalhador temporário e a empresa de trabalho temporário (mencionada no art. 10, § 1º, da Lei 6.019/1974 como "empregador"). O contrato de trabalho temporário, assim, tem prazo máximo de duração (isto é, prazo determinado) e natureza de vínculo de emprego, embora de caráter especial. Não se confunde, entretanto, com o contrato de trabalho por prazo determinado previsto na CLT (o qual é firmado entre o empregado e o empregador).

O contrato de trabalho temporário também não se confunde com o contrato celebrado entre a empresa de trabalho temporário e a empresa tomadora de serviços (art. 5º da Lei 6.019/1974), o qual tem natureza civil ou empresarial.

A previsão original do art. 10 Lei 6.019/1974 estabelecia que o contrato entre a empresa de trabalho temporário e a empresa tomadora ou cliente, em relação a um mesmo empregado, não pode exceder de três meses, salvo autorização conferida pelo órgão local do Ministério do Trabalho.

Nesse contexto, a Portaria 789/2014 do Ministério do Trabalho estabelecia instruções para o contrato de trabalho temporário por período superior a três meses e o fornecimento de dados relacionados ao estudo do mercado de trabalho.

Em consonância com o que já previa o art. 2º da Portaria 789/2014 do Ministério do Trabalho, na hipótese legal de *substituição transitória de pessoal regular e permanente*, o contrato podia ser pactuado por mais de três meses em relação a um mesmo empregado, nas seguintes situações: I - quando ocorrerem circunstâncias, já conhecidas na data da sua celebração, que justifiquem a contratação de trabalhador temporário por período superior a três meses; ou II - quando houver motivo que justifique a prorrogação de contrato de trabalho temporário, que exceda o prazo total de três meses de duração.

Observadas as condições estabelecidas no referido artigo, a duração do contrato de trabalho temporário, incluídas as prorrogações, não podia ultrapassar um período total de nove meses (art. 2º, parágrafo único, da Portaria 789/2014).

Na hipótese legal de acréscimo extraordinário de serviços, o art. 3º da Portaria 789/2014 do Ministério do Trabalho dispunha ser permitida a prorrogação do contrato de trabalho temporário por até três meses além do prazo previsto no art. 10 da Lei 6.019/ 1974, desde que perdure o motivo justificador da contratação.

Não se aplica ao trabalhador temporário, contratado pela tomadora de serviços, o contrato de experiência previsto no parágrafo único do art. 445 da CLT (art. 10, § 4º, da Lei 6.019/1974).

O contrato de experiência é uma modalidade de contrato de trabalho por prazo determinado (art. 443, § 2º, *c*, da CLT), firmado diretamente pelo empregador, que também figura como tomador dos serviços. Logo, não se confunde com o trabalho temporário.

Ainda assim, caso o trabalhador temporário venha a ser contratado diretamente pela empresa tomadora de serviço, não se autoriza que essa contratação posterior seja sob a forma de contrato de experiência, justamente porque o empregador já conhece o empregado e se este se adapta às funções a serem desempenhadas.

O trabalhador temporário que cumprir o período estipulado nos §§ 1º e 2º do art. 10 da Lei 6.019/1974 (até 180 dias, podendo ser prorrogado por até 90 dias) somente pode ser colocado à disposição da mesma tomadora de serviços em novo contrato temporário, após 90 dias do término do contrato anterior (art. 10, § 5º, da Lei 6.019/1974). A contratação anterior a esse prazo caracteriza vínculo empregatício com a tomadora.

2.5 RESPONSABILIDADE

Nos termos do art. 10, § 7º, da Lei 6.019/1974, a empresa contratante (tomadora) é *subsidiariamente* responsável pelas obrigações trabalhistas referentes ao período em que ocorrer o trabalho temporário, e o recolhimento das contribuições previdenciárias deve observar o disposto no art. 31 da Lei 8.212/1991.

Por se tratar de responsabilidade subsidiária (e não solidária), há necessidade de cobrança, primeiramente, da empresa de trabalho temporário. Somente se verificada a ausência de bens suficientes desta é que a empresa tomadora, posteriormente, passa a responder pelos créditos do trabalhador temporário.

Mesmo sendo lícita a contratação temporária, a empresa tomadora responde de forma subsidiária, conforme já se entendia com fundamento na Súmula 331, item IV, do TST[14] (ou solidária, em caso de falência da

14. Cf. DELGADO, Mauricio Godinho. *Curso de direito do trabalho*. 15. ed. São Paulo: LTr, 2016. p. 520: "Não há dúvida de que a

empresa de trabalho temporário, conforme o art. 16 da Lei 6.019/1974).

O art. 31 da Lei 8.212/1991 dispõe que a empresa contratante de serviços executados mediante cessão de mão de obra, inclusive em regime de trabalho temporário, deve reter 11% do valor bruto da nota fiscal ou fatura de prestação de serviços e recolher, em nome da empresa cedente da mão de obra, a importância retida até o dia 20 do mês subsequente ao da emissão da respectiva nota fiscal ou fatura, ou até o dia útil imediatamente anterior se não houver expediente bancário naquele dia, observado o disposto no art. 33, § 5º, do mesmo diploma legal, ao prever que o desconto de contribuição e de consignação legalmente autorizadas sempre se presume feito oportuna e regularmente pela empresa a isso obrigada, não lhe sendo lícito alegar omissão para se eximir do recolhimento, ficando diretamente responsável pela importância que deixou de receber ou arrecadou em desacordo com o disposto na Lei 8.212/1991.

No caso de *falência* da empresa de trabalho temporário, a empresa tomadora ou cliente é *solidariamente* responsável pelo recolhimento das contribuições previdenciárias, no tocante ao tempo em que o trabalhador esteve sob suas ordens, assim como em referência ao mesmo período, pela remuneração e indenização previstas na Lei 6.019/1974 (art. 16).

---

interpretação contida na Súmula 331, IV, abrange todas as hipóteses de terceirização veiculadas na ordem sociojurídica brasileira. Nesse quadro, parece claro que a compreensão sumulada abrange também o *trabalho temporário*" (destaques do original).

2.6 DIREITOS

O contrato de trabalho celebrado entre empresa de trabalho temporário e cada um dos assalariados colocados à disposição de uma empresa tomadora ou cliente é obrigatoriamente escrito e dele devem constar, expressamente, os direitos conferidos aos trabalhadores pela Lei 6.019/1974 (art. 11).

Será nula de pleno direito qualquer cláusula de reserva, proibindo a contratação do trabalhador pela empresa tomadora ou cliente ao fim do prazo em que tenha sido colocado à sua disposição pela empresa de trabalho temporário.

Em consonância com o art. 12 da Lei 6.019/1974, ficam assegurados ao trabalhador temporário os seguintes direitos:

a) remuneração equivalente à percebida pelos empregados de mesma categoria da empresa tomadora ou cliente, calculada à base horária, garantida, em qualquer hipótese, a percepção do salário mínimo;

b) jornada de trabalho normal de oito horas (e duração semanal de 44 horas), remuneradas as horas extraordinárias (que não devem exceder de duas) com o acréscimo de no mínimo 50% (art. 7º, incisos XIII e XVI, da Constituição Federal de 1988);

c) férias proporcionais com o adicional de 1/3 (art. 7º, inciso XVII, da Constituição da República);

d) repouso semanal remunerado;

e) adicional por trabalho noturno;

f) indenização por dispensa sem justa causa ou término normal do contrato, correspondente a 1/12 do pagamento recebido;

g) seguro contra acidente do trabalho (atualmente abrangido pela Previdência Social);

h) proteção previdenciária.

O trabalhador é segurado obrigatório da Previdência Social, na condição de empregado (art. 12, inciso I, *b*, da Lei 8.212/1991).

Assim, assegura-se ao trabalhador temporário o direito à remuneração equivalente dos empregados da mesma categoria da empresa tomadora, o que deve ser interpretado de forma a abranger o conjunto das verbas trabalhistas de natureza remuneratória, como o 13º salário, feriados remunerados e os adicionais de insalubridade e de periculosidade.

Desse modo, mesmo havendo sindicato de categoria profissional que abranja (para os fins de *enquadramento sindical*) os trabalhadores temporários (normalmente junto com os empregados de empresas prestadoras de serviços), os direitos remuneratórios previstos em normas coletivas dos empregados da empresa tomadora devem ser aplicados aos trabalhadores temporários.

Além disso, na realidade, ao trabalhador temporário devem ser assegurados os direitos sociais e trabalhistas previstos no art. 7º da Constituição Federal de 1988.

Entende-se que se houver jornada de trabalho especial (reduzida) aplicável ao âmbito da empresa tomadora, esta também deve ser observada quanto aos trabalhadores temporários, inclusive para que se preserve a mencionada equivalência remuneratória[15].

---

15. Cf. DELGADO, Mauricio Godinho. *Curso de direito do trabalho*. 15. ed. São Paulo: LTr, 2016. p. 517.

A jornada de trabalho pode ter duração superior a oito horas na hipótese de a empresa tomadora de serviços ou cliente utilizar jornada de trabalho específica (art. 21, § 1º, do Decreto 10.060/2019).

Prevalece na jurisprudência o entendimento de que a indenização prevista no art. 12, *f*, da Lei 6.019/1974 permanece em vigor, sendo compatível com o regime do FGTS[16].

---

16. "Contrato de trabalho temporário. Lei nº 6.019/74. Rescisão antecipada. Ausência de justa causa. Indenização do artigo 479 da CLT. Inaplicabilidade. O trabalho temporário, a teor dos artigos 2º e 10 da Lei nº 6.019/74, é aquele prestado por pessoa física a uma empresa para atender à necessidade transitória de substituição de seu pessoal regular e permanente ou à acréscimo extraordinário de serviços, pelo prazo máximo de três meses, salvo prorrogação autorizada. O trabalho temporário é uma forma atípica de trabalho, prevista em lei especial, e por esse motivo não é regido pela CLT, como é o caso do contrato por prazo determinado, diferindo desse último quanto à natureza, prazo, condições e hipóteses ensejadoras para a sua configuração. Na CLT, a indeterminação do prazo de duração constitui regra geral dos contratos de trabalho. Os contratos a termo (contratos por prazo determinado) constituem exceção prevista no artigo 443 consolidado, abrangendo três hipóteses legalmente especificadas, dentre elas, serviço cuja natureza ou transitoriedade justifique a predeterminação do prazo. Já o contrato temporário, regido por previsão legal própria, visa o atendimento de necessidade transitória, sem a expectativa de continuidade do contrato. A regra de duração desse contrato é o limite legalmente imposto, 90 dias, valendo ressaltar que tal pacto não subsiste sem que persista o motivo justificador da demanda de trabalho temporário, sendo expressamente vedada pela lei sua continuidade sem causa. Assim, o contrato de trabalho temporário e o contrato por prazo determinado são modalidades diferentes de contratos. O primeiro é um contrato atípico de trabalho, de curta duração (sua extinção

ocorre com o advento do termo legal), sem expectativa de continuidade, com direitos limitados à legislação especial. O segundo, diferentemente, converte-se automaticamente em contrato indeterminado se ultrapassado o limite temporal estabelecido pela CLT, salvo manifestação em contrário das partes. Portanto, a disciplina própria criada pela Lei nº 6.019/74 não permite incluir o contrato ali previsto entre os contratos por prazo determinado, referidos nos artigos 479 a 481 da CLT. É que os dispositivos citados encontram-se inseridos no Título IV da CLT, que trata do contrato individual de trabalho clássico, como sendo o 'acordo tácito ou expresso, correspondente à relação de emprego', nos termos do artigo 442 do mesmo diploma legal. Ao contrário do contrato de trabalho por prazo determinado previsto na CLT, o contrato do trabalhador temporário não tem como objetivo suprir necessidade permanente da empresa tomadora dos serviços, mas sim necessidade transitória do serviço para substituição de pessoal regular ou atendimento de demanda extraordinária, sem que o contratado tenha reconhecida a sua condição de empregado e nem lhe seja garantida a sua permanência na empresa durante o prazo previsto. Em se tratando dessa modalidade de contrato, o vínculo temporário não é estabelecido em razão da pessoa do trabalhador, sendo facultado à empresa tomadora a requisição de outro trabalhador junto à empresa prestadora de serviço em substituição daquele que não atendeu às suas expectativas. Se à época da edição da 'Lei do Trabalho Temporário' já existia previsão legislativa abarcando a contratação por prazo determinado para os casos de serviços de natureza transitória, resta evidente que a criação de um novo instituto visou estabelecer regras específicas, o que leva à conclusão de que aquelas anteriormente previstas são inaplicáveis aos contratos celebrados sob a égide da Lei nº 6.019/74, salvo se expressamente admitidas, como no caso do artigo 13 da referida lei, que excepciona aos contratados temporários a aplicação dos artigos 482 e 483 da CLT para a caracterização da justa causa. Os direitos do trabalhador temporário estão relacionados no artigo 12 da Lei nº 6.019/74, constando, em sua alínea 'f', expressamente, sanção própria em razão

Entretanto, a referida indenização não é mencionada no art. 20 do Decreto 10.060/2019, que arrola os direitos do trabalhador temporário, sabendo-se que o Fundo de Garantia do Tempo de Serviço passou a ser assegurado como direito trabalhista, de forma obrigatória, no art. 7º, inciso III, da Constituição Federal de 1988.

Frise-se que a conta vinculada do trabalhador no FGTS pode ser movimentada na extinção normal do contrato a termo, inclusive o dos trabalhadores temporários regidos pela Lei 6.019/1974 (art. 20, inciso IX, da Lei 8.036/1990).

Não se aplica ao trabalhador temporário a indenização prevista no art. 479 da Consolidação das Leis do Trabalho (art. 25 do Decreto 10.060/2019), mesmo porque o contrato individual de trabalho temporário não se confunde com o contrato por prazo determinado previsto no art. 443 da CLT e na Lei 9.601/1998 (art. 31 do Decreto 10.060/2019).

---

do término antecipado do contrato de trabalho, tenha havido ou não justa causa, com indenização correspondente a um doze avos do pagamento recebido. Dessa forma, não há que se falar em aplicação da sanção prevista no artigo 479 consolidado, que diz respeito somente aos contratos a termo previsto na CLT. Trata-se de aplicação do princípio da especificidade, segundo o qual onde há disposição legal específica disciplinando determinado assunto, esta não poderá deixar de ser aplicada em favor da disposição geral, eis que o intérprete não pode ir além do que dispõe a Lei. Por outro lado, a respeito da discussão sobre se a indenização prevista no artigo 12, alínea 'f', da Lei nº 6.019/74 foi tacitamente derrogada em face do advento do regime do FGTS, tratam-se de institutos com finalidades diversas. A Lei nº 6.019/74 estabeleceu uma indenização especial, sem qualquer vinculação a outro evento, consubstanciada em pagamento de um *plus* pelo término do contrato temporário, diferentemente do regime do FGTS,

O Tribunal Superior do Trabalho fixou a seguinte tese jurídica: "É inaplicável ao regime de trabalho temporário, disciplinado pela Lei nº 6.019/1974, a garantia de estabilidade provisória à empregada gestante, prevista no art. 10, II, *b*, do Ato das Disposições Constitucionais Transitórias" (TST, Pleno, IAC – 5639-31.2013.5.12.0051, Redatora Min. Maria Cristina Irigoyen Peduzzi, j. 18.11.2019).

Os trabalhadores das empresas de trabalho temporário são beneficiários do vale-transporte, nos termos da Lei 7.418/1985 (art. 1º, inciso III, do Decreto 95.247/1987).

Deve-se registrar na Carteira de Trabalho e Previdência Social do trabalhador sua condição de temporário (art. 12, § 1º, da Lei 6.019/1974).

A empresa de trabalho temporário fica obrigada a anotar, nas anotações gerais da Carteira de Trabalho e Previdência Social do trabalhador temporário, ou em meio eletrônico que a substitua, a sua condição de temporário, conforme regulamentado em ato do Ministro de Estado da Economia (art. 9º do Decreto 10.060/2019).

A empresa tomadora ou cliente é obrigada a comunicar à empresa de trabalho temporário a ocorrência de todo acidente cuja vítima seja um trabalhador posto à sua disposição, considerando-se local de trabalho, para

---

cujo direito encontra-se intrinsecamente condicionado ao tempo de serviço prestado pelo trabalhador. Precedentes de Turmas do TST. Recurso de embargos conhecido e desprovido" (TST, SBDI-I, E-RR - 1342-91.2010.5.02.0203, Redator Min. Renato de Lacerda Paiva, DEJT 14.08.2015).

efeito da legislação específica, tanto aquele onde se efetua a prestação do trabalho, quanto a sede da empresa de trabalho temporário (art. 12, § 1º, da Lei 6.019/1974).

Constituem justa causa para rescisão do contrato do trabalhador temporário os atos e circunstâncias mencionados nos arts. 482[17] e 483[18] da CLT, ocorrentes entre o trabalhador e a empresa de trabalho temporário ou entre aquele e a empresa cliente (tomadora) em que estiver prestando serviço (art. 13 da Lei 6.019/1974).

---

17. "Art. 482. Constituem justa causa para rescisão do contrato de trabalho pelo empregador: a) ato de improbidade; b) incontinência de conduta ou mau procedimento; c) negociação habitual por conta própria ou alheia sem permissão do empregador, e quando constituir ato de concorrência à empresa para a qual trabalha o empregado, ou for prejudicial ao serviço; d) condenação criminal do empregado, passada em julgado, caso não tenha havido suspensão da execução da pena; e) desídia no desempenho das respectivas funções; f) embriaguez habitual ou em serviço; g) violação de segredo da empresa; h) ato de indisciplina ou de insubordinação; i) abandono de emprego; j) ato lesivo da honra ou da boa fama praticado no serviço contra qualquer pessoa, ou ofensas físicas, nas mesmas condições, salvo em caso de legítima defesa, própria ou de outrem; k) ato lesivo da honra ou da boa fama ou ofensas físicas praticadas contra o empregador e superiores hierárquicos, salvo em caso de legítima defesa, própria ou de outrem; l) prática constante de jogos de azar. Parágrafo único. Constitui igualmente justa causa para dispensa de empregado a prática, devidamente comprovada em inquérito administrativo, de atos atentatórios à segurança nacional".
18. "Art. 483. O empregado poderá considerar rescindido o contrato e pleitear a devida indenização quando: a) forem exigidos serviços superiores às suas forças, defesos por lei, contrários aos bons costumes, ou alheios ao contrato; b) for tratado pelo

2.7 FISCALIZAÇÃO

É vedado à empresa de trabalho temporário a contratação de estrangeiro com visto provisório de permanência no País (art. 17 da Lei 6.019/1974).

É vedado à empresa do trabalho temporário cobrar do trabalhador qualquer importância, mesmo a título de mediação, podendo apenas efetuar os descontos previstos em lei (art. 18 da Lei 6.019/1974).

A infração dessa previsão importa no cancelamento do registro para funcionamento da empresa de trabalho temporário, sem prejuízo das sanções administrativas e penais cabíveis.

A fiscalização do trabalho pode exigir da empresa tomadora ou cliente a apresentação do contrato

---

empregador ou por seus superiores hierárquicos com rigor excessivo; c) correr perigo manifesto de mal considerável; d) não cumprir o empregador as obrigações do contrato; e) praticar o empregador ou seus prepostos, contra ele ou pessoas de sua família, ato lesivo da honra e boa fama; f) o empregador ou seus prepostos ofenderem-no fisicamente, salvo em caso de legítima defesa, própria ou de outrem; g) o empregador reduzir o seu trabalho, sendo este por peça ou tarefa, de forma a afetar sensivelmente a importância dos salários. § 1º O empregado poderá suspender a prestação dos serviços ou rescindir o contrato, quando tiver de desempenhar obrigações legais, incompatíveis com a continuação do serviço. § 2º No caso de morte do empregador constituído em empresa individual, é facultado ao empregado rescindir o contrato de trabalho. § 3º Nas hipóteses das letras 'd' e 'g', poderá o empregado pleitear a rescisão de seu contrato de trabalho e o pagamento das respectivas indenizações, permanecendo ou não no serviço até final decisão do processo".

firmado com a empresa de trabalho temporário, e, desta última, o contrato firmado com o trabalhador temporário, bem como a comprovação do respectivo recolhimento das contribuições previdenciárias (art. 15 da Lei 6.019/1974).

Desse modo, a empresa de trabalho temporário fica obrigada a apresentar ao agente da fiscalização, quando solicitado, o contrato celebrado com o trabalhador temporário, a comprovação do recolhimento das contribuições previdenciárias e os demais documentos comprobatórios do cumprimento das obrigações estabelecidas no Decreto 10.060/2019 (art. 10).

A empresa tomadora de serviços ou cliente manterá, no seu estabelecimento, e apresentará ao agente da fiscalização, quando solicitado, o contrato de prestação de serviços de colocação à disposição de trabalhadores temporários celebrado com a empresa de trabalho temporário (art. 14 do Decreto 10.060/2019).

O descumprimento do disposto na Lei 6.019/1974 sujeita a empresa infratora ao pagamento de multa (art. 19-A da Lei 6.019/1974, acrescentado pela Lei 13.429/2017).

A fiscalização, a autuação e o processo de imposição das multas reger-se-ão pelo Título VII da CLT, que dispõe sobre processo de multas administrativas aplicadas pela inspeção do trabalho (arts. 626 a 642).

CAPÍTULO 3

TERCEIRIZAÇÃO

3.1 EVOLUÇÃO JURISPRUDENCIAL

Inicialmente, a jurisprudência trabalhista tratava do contrato de prestação de serviços no Enunciado 256 do TST, aprovado pela Resolução 4/1986 (DJ 30.09.1986), com a seguinte redação:

> "Contrato de prestação de serviços. Legalidade. Cancelado. Salvo os casos de trabalho temporário e de serviço de vigilância, previstos nas Leis 6.019, de 3.1.1974, e 7.102, de 20.6.1983, é ilegal a contratação de trabalhadores por empresa interposta, formando-se o vínculo empregatício diretamente com o tomador dos serviços".

O Tribunal Superior do Trabalho, no Incidente de Uniformização de Jurisprudência indicado como referência ao Enunciado 256, decidiu sobre a terceirização nas relações do trabalho, à época, invocando os princípios desse ramo do Direito. Tendo em vista a sua relevância em termos históricos, cabe transcrever a respectiva ementa:

> "Contrato de trabalho. Interposta pessoa. Posição do tomador dos serviços. 1. A regra conduz à existência da relação jurídica, do vínculo empregatício, com o tomador dos serviços porquanto 'considera-se empre-

gador a empresa, individual ou coletiva, que, assumindo os riscos da atividade econômica, admite, assalaria e dirige a prestação pessoal de serviços' (artigo 2º da Consolidação das Leis do Trabalho), sendo que a ordem econômica e social, tendo por fim realizar o desenvolvimento nacional e a justiça social, repousa em princípios básicos, dentre os quais destacam-se a valorização do trabalho como condição da dignidade humana, a harmonia e solidariedade entre as categorias sociais de produção e a expansão das oportunidades de emprego produtivo (artigo 160 da Constituição Federal). Exsurge como direito assegurado constitucionalmente aos trabalhadores a liberdade de escolha do empregador, bem como a integração na vida e no desenvolvimento da empresa, com participação nos lucros e, excepcionalmente, na gestão, embora condicionados ao estabelecido em lei (artigos 153, § 36, e 165, inciso V). 2. A exceção – e, por isso mesmo, os preceitos que a preveem são merecedores de interpretação restrita – indica a possibilidade de o tomador dos serviços não assumir, direta e imediatamente, os ônus trabalhistas, valendo-se, para tanto, de contrato de natureza civil, formalizado com outrem e está limitada ao trabalho temporário e ao de vigilância. 3. O *marchandage* – Os primeiros movimentos contrários à exploração do homem pelo homem surgiram na França, após a vitória da Revolução. Em 1º de março de 1848, na Primeira Sessão da Comissão do Governo para Trabalhadores, pleitearam estes e obtiveram a abolição da triste figura, conforme revela, com percuciência, Evaristo de Moraes Filho; em 'Direito do Trabalho – páginas de história e outros ensaios' – LTr, porque a maior queixa contra o *marchandage* vem precisamente disto '... o lucro do intermediário nada mais é do que uma retirada antecipada sobre o salário...' (Salle). 4. A fraude a direitos trabalhistas – No corpo da Consolidação das Leis do Trabalho, tem-se

> salutar preceito: 'Serão nulos de pleno direito os atos praticados com o objetivo de desvirtuar, impedir ou fraudar a aplicação dos preceitos contidos na presente Consolidação'. 5. Os princípios regedores do direito do trabalho – Conforme Plá Rodriguez, reinam o da proteção ao hipossuficiente, o da irrenunciabilidade, o da continuidade do vínculo e os da realidade, razoabilidade e boa-fé. 6. A questão social – 'O trabalho é a pedra de toque de toda a questão social, sendo imperativo reconhecer a primazia que possui sobre o capital' (João Paulo II – *Laborem Exercens*). 'O trabalho não é uma mercadoria sujeita à lei da oferta e da procura, que se pode especular com salários, com a vida dos homens, como se faz com o trigo, o açúcar, o café' (Leão XIII, Encíclica 'Rerum Novarum' – 1891 – repetido 50 anos após por João XXIII). 7. A consequência da fraude – Salvo os casos previstos em lei, é ilegal a contratação de trabalhadores, por empresa interposta, exsurgindo o vínculo empregatício diretamente com o tomador dos serviços. Referências: Convenção Internacional número 122, de 1964 – OIT (promulgada pelo Decreto 66.499, de 27 de abril de 1970); Constituição Federal, artigos 153, § 36, 160, incisos II, IV e VI, 165, inciso V, Consolidação das Leis do Trabalho, artigos 2º, § 2º, 3º, 9º e 442 a 444; Leis 5.645/1970, artigo 3º, parágrafo único, 6.019/1974 e 7.102/1983; Decreto-lei 200/67, artigo 10, parágrafos 7º e 8º, RODC – 533/83 – Ac. TP-968/85 e RODC – 203/84 – Ac. TP-2488/85. Precedentes – Recursos de Revista 5492/80, 6713/80 e 1474/85, da Primeira Turma; 2150/74, 189/79, 4137/78, 138/79 e 889/81 da Segunda Turma e 402/81 da Terceira Turma" (TST, Pleno, IUJRR 3.442/1984, Ac. 2.208, Rel. Min. Marco Aurélio, j. 04.09.1986, DJ 10.10.1986).

Nota-se que esse julgado, proferido sob a égide da Constituição anterior, frisou que a ordem econômica e social tem por fim realizar a justiça social, com base em princípios como "a valorização do trabalho como condição da dignidade humana, a harmonia e solidariedade entre as categorias sociais de produção e a expansão das oportunidades de emprego produtivo".

Na verdade, a mudança da jurisprudência sobre a terceirização revela-se bastante nítida com o passar do tempo[1].

No Enunciado 256 do TST, aprovado em setembro de 1986, a terceirização era permitida como exceção, ou seja, de forma restritiva, somente nas duas hipóteses previstas em lei (trabalho temporário e serviço de vigilância).

Em dezembro de 1993, o referido verbete foi revisto pelo Enunciado 331 do TST (Resolução 23/1993 do TST, DJ 21.12.1993)[2], que ampliou as possibilidades de terceirização lícita, como se observa em seu item III.

Além disso, o item IV da Súmula 331 do TST estabeleceu a responsabilidade subsidiária da empresa

---

1. Cf. OLIVEIRA, Paulo Eduardo Vieira de. Sujeitos da relação de emprego: o empregador. In: GIORDANI, Francisco Alberto da Motta Peixoto; MARTINS, Melchíades Rodrigues; VIDOTTI, Tarcio José (Coord.). *Fundamentos do direito do trabalho*: estudos em homenagem ao Ministro Milton de Moura França. São Paulo: LTr, 2000. p. 261: "O fornecimento de mão de obra inicialmente se concretizou em trabalhos temporários [...]. Hoje, há generalização de fornecimento de mão de obra para serviços de duração indeterminada de que são exemplos mais frequentes os de vigilância e limpeza".
2. De acordo com a Resolução 129/2005 do TST, foi alterada a denominação dos verbetes da jurisprudência predominante do Tribunal Superior do Trabalho de "Enunciado" para "Súmula".

tomadora, e não solidária, a qual seria mais coerente com o escopo de proteção, inerente ao Direito do Trabalho[3].

Assim, parte da doutrina ressalta que essa modificação da jurisprudência ocorreu em prejuízo aos princípios fundamentais do Direito do Trabalho[4].

Para a melhor compreensão do tema, transcreve-se a redação da Súmula 331 do Tribunal Superior do Trabalho:

> "Contrato de prestação de serviços. Legalidade (nova redação do item IV e inseridos os itens V e VI à redação) - Res. 174/2011, DEJT divulgado em 27, 30 e 31.05.2011.
>
> I - A contratação de trabalhadores por empresa interposta é ilegal, formando-se o vínculo diretamente com o tomador dos serviços, salvo no caso de trabalho temporário (Lei nº 6.019, de 03.01.1974).

---

3. Cf. SOUTO MAIOR, Jorge Luiz. Implicações da terceirização no processo do trabalho: legitimidade; condenação solidária ou subsidiária e intervenção de terceiros. In: SOUTO MAIOR, Jorge Luiz. *Temas de processo do trabalho*. São Paulo: LTr, 2000. p. 152-153.

4. Cf. SOUTO MAIOR, Jorge Luiz. A jurisprudência como fonte do direito e seu efeito paradoxal de negação do próprio direito. In: ARRUDA PINTO, Roberto Parahyba de (Coord.). *O direito e o processo do trabalho na sociedade contemporânea*: homenagem a Francisco Ary Montenegro Castelo. São Paulo: LTr, 2005. p. 324: "a aplicação em concreto do tal Enunciado tem gerado efeitos que agridem frontalmente os princípios fundamentais de proteção do ser humano e fazendo vistas grossas a todo o aparato nacional e internacional de defesa da dignidade humana". Cf. ainda SOUTO MAIOR, Jorge Luiz. A terceirização sob uma perspectiva humanista. *Revista de Direito do Trabalho*, São Paulo, RT, ano 30, n. 115, p. 93, jul.-set. 2004.

> II - A contratação irregular de trabalhador, mediante empresa interposta, não gera vínculo de emprego com os órgãos da Administração Pública direta, indireta ou fundacional (art. 37, II, da CF/1988).
>
> III - Não forma vínculo de emprego com o tomador a contratação de serviços de vigilância (Lei nº 7.102, de 20.06.1983) e de conservação e limpeza, bem como a de serviços especializados ligados à atividade-meio do tomador, desde que inexistente a pessoalidade e a subordinação direta.
>
> IV - O inadimplemento das obrigações trabalhistas, por parte do empregador, implica a responsabilidade subsidiária do tomador dos serviços quanto àquelas obrigações, desde que haja participado da relação processual e conste também do título executivo judicial.
>
> V - Os entes integrantes da Administração Pública direta e indireta respondem subsidiariamente, nas mesmas condições do item IV, caso evidenciada a sua conduta culposa no cumprimento das obrigações da Lei nº 8.666, de 21.06.1993, especialmente na fiscalização do cumprimento das obrigações contratuais e legais da prestadora de serviço como empregadora. A aludida responsabilidade não decorre de mero inadimplemento das obrigações trabalhistas assumidas pela empresa regularmente contratada.
>
> VI - A responsabilidade subsidiária do tomador de serviços abrange todas as verbas decorrentes da condenação referentes ao período da prestação laboral".

O Enunciado 256 do TST foi formalmente cancelado pela Resolução 121/2003 (DJ 19.11.2003).

Mais recentemente, o Supremo Tribunal Federal fixou a seguinte tese de repercussão geral: "É lícita a terceirização ou qualquer outra forma de divisão do trabalho entre pessoas jurídicas distintas, independentemente do objeto social das empresas envolvidas, mantida a responsabilidade subsidiária da empresa contratante" (STF, Pleno, RE 958.252/MG, Rel. Min. Luiz Fux, j. 30.08.2018).

O Supremo Tribunal Federal também julgou *procedente* o pedido em arguição de descumprimento de preceito fundamental (em que se questionou a constitucionalidade da interpretação adotada em reiteradas decisões da Justiça do Trabalho que restringiam a terceirização com base na Súmula 331 do Tribunal Superior do Trabalho) e firmou a seguinte tese: "1. É lícita a terceirização de toda e qualquer atividade, meio ou fim, não se configurando relação de emprego entre a contratante e o empregado da contratada. 2. Na terceirização, compete à contratante: i) verificar a idoneidade e a capacidade econômica da terceirizada; e ii) responder subsidiariamente pelo descumprimento das normas trabalhistas, bem como por obrigações previdenciárias, na forma do art. 31 da Lei 8.212/1991". O Relator esclareceu que a referida decisão não afeta automaticamente os processos em relação aos quais tenha havido coisa julgada (STF, Pleno, ADPF 324/DF, Rel. Min. Roberto Barroso, j. 30.08.2018).

3.2 PARÂMETROS LEGAIS

A Consolidação das Leis do Trabalho, aprovada pelo Decreto-Lei 5.452, de 1º de maio de 1943, no art. 455, dispõe que nos contratos de subempreitada deve responder o subempreiteiro pelas obrigações derivadas do contrato de trabalho que celebrar.

Entretanto, cabe aos empregados o direito de reclamação contra o empreiteiro principal pelo inadimplemento daquelas obrigações por parte do primeiro.

Ao empreiteiro principal fica ressalvada, nos termos da lei civil, ação regressiva contra o subempreiteiro e a retenção de importâncias a este devidas, para a garantia das obrigações previstas no referido dispositivo[5]. Ainda quanto ao tema, remete-se o leitor ao Capítulo 9, item 9.1.

Trata-se de situação prevista de certa forma como excepcional, pois a regra na relação jurídica de emprego é o empregado prestar serviço ao seu empregador, a quem está juridicamente subordinado.

Nesse sentido, o art. 3º da CLT considera empregado toda pessoa física que presta serviços de natureza não eventual *a empregador*, sob a dependência (subordinação) deste e mediante salário.

Considera-se empregador, por seu turno, a empresa, individual ou coletiva, que, assumindo os riscos da atividade econômica, admite, assalaria e dirige a prestação pessoal de serviço (art. 2º da CLT).

Equiparam-se ao empregador, para os efeitos exclusivos da relação de emprego, os profissionais liberais, as instituições de beneficência, as associações recreativas ou outras instituições sem fins lucrativos, que admitirem trabalhadores como empregados (art. 2º, § 1º, da CLT).

Na realidade, pode-se dizer que empregador é toda pessoa jurídica, pessoa natural ou ente despersonalizado que contrate empregado, mantendo relação jurídica com este, ou seja, todo ente que utilize empregados para a realização de seu objetivo social.

---

5. Cf. CAVALCANTE JUNIOR, Ophir. *A terceirização das relações laborais*. São Paulo: LTr, 1996. p. 46.

A terceirização modifica esse parâmetro, ao fazer com que a relação se torne *trilateral*, pois o empregado passa a prestar serviço não mais ao seu empregador, e sim ao ente tomador, que mantém contrato de natureza civil ou comercial com a empresa prestadora.

Portanto, a terceirização modifica o padrão fático e jurídico bilateral da relação de emprego.

De todo modo, mesmo antes da Lei 13.429/2017, o art. 455 da CLT era o fundamento legal para a responsabilidade subsidiária do tomador de serviços em caso de terceirização lícita[6], conforme previa a Súmula 331, item IV, do TST[7].

Frise-se que a responsabilidade subsidiária do tomador de serviços abrange todas as verbas decorrentes da condenação referentes ao período da prestação laboral.

---

6. Cf. DELGADO, Mauricio Godinho. *Introdução ao direito do trabalho*. 2. ed. São Paulo: LTr, 1999. p. 373: "No Direito do Trabalho a doutrina e a jurisprudência maturaram-se em direção ao encontro dessa responsabilidade subsidiária do tomador que se utiliza da prestação de serviços ou consecução de obra *como parte de sua dinâmica empresarial*. Hoje, o Enunciado 331 do TST, sob a epígrafe da terceirização, veio incorporar esse entendimento, reconhecendo a responsabilidade subsidiária da empresa tomadora de serviços pelas verbas trabalhistas devidas pela empresa concretizadora da obra ou serviço, ainda quando se tratando de terceirização lícita" (destaques do original).

7. Cf. MARTINS, Sergio Pinto. *Comentários à CLT*. 10. ed. São Paulo: Atlas, 2006. p. 404: "O inciso IV do Enunciado 331 do TST menciona que há responsabilidade subsidiária do tomador em relação ao inadimplemento das obrigações trabalhistas por parte daquele que terceiriza suas atividades. Toma por base o verbete do TST o artigo 455 da CLT".

3.3 ABRANGÊNCIA

A Lei 13.429, de 31 de março de 2017, com início de vigência na data de sua publicação, ocorrida no *Diário Oficial da União* de 31.03.2017, alterou dispositivos da Lei 6.019/1974, que dispõe sobre o trabalho temporário, e versa sobre as relações de trabalho na empresa de prestação de serviços a terceiros.

O Supremo Tribunal Federal julgou improcedente pedido formulado em ação direta, tendo considerado constitucional a Lei 13.429/2017 (STF, Pleno, ADI 5.685/DF, Rel. Min. Gilmar Mendes, j. 16.06.2020).

A Lei 6.019/1974 foi posteriormente modificada pela Lei 13.467, de 13 de julho de 2017, com início de vigência depois de 120 dias de sua publicação oficial, ocorrida em 14.07.2017.

Assim, a Lei 6.019/1974 passou a reger as relações de trabalho na empresa de trabalho temporário, na empresa de prestação de serviços e nas respectivas tomadoras de serviço e contratante (art. 1º, com redação dada pela Lei 13.429/2017).

Portanto, os temas relativos ao trabalho temporário e à terceirização passaram a ser disciplinados no mesmo diploma legal, sabendo-se que, até então, a Lei 6.019/1974 dispunha apenas sobre o trabalho temporário, enquanto a terceirização era objeto de orientação firmada pela jurisprudência, notadamente por meio da Súmula 331 do Tribunal Superior do Trabalho.

Na redação anterior, decorrente da Lei 13.429/2017, o art. 4º-A da Lei 6.019/1974 previa que empresa prestadora de serviços a terceiros era a pessoa jurídica de direito privado destinada a prestar à contratante *serviços determinados e específicos*.

Na época de sua vigência, a compreensão desse dispositivo era essencial para se definir os limites da terceirização.

Determinado, como adjetivo, significa "previamente estipulado; estabelecido"[8]. *Específico*, por sua vez, significa "destinado ou pertencente exclusivamente a um indivíduo ou a um caso, uma situação; especial, exclusivo, próprio"[9].

A expressão *serviços determinados e específicos* revelava que a terceirização só era admitida quanto a serviços delimitados previamente e especificados.

Vale dizer, a empresa prestadora não poderia prestar serviços genéricos, não se admitindo a terceirização, pela empresa contratante (tomadora), de atividades sem especificação.

A menção a "serviços determinados e específicos", de certa forma, fazia lembrar a previsão da CLT a respeito dos contratos de trabalho a prazo determinado.

Efetivamente, o art. 443, § 1º, da CLT dispõe que se considera como de prazo determinado o contrato de trabalho cuja vigência dependa de termo prefixado ou da execução de serviços especificados ou ainda da realização de certo acontecimento suscetível de previsão aproximada.

---

8. Cf. HOUAISS, Antônio; VILLAR, Mauro de Salles. *Dicionário Houaiss da Língua Portuguesa*. Rio de Janeiro: Objetiva, 2001. p. 1023.
9. Cf. HOUAISS, Antônio; VILLAR, Mauro de Salles. *Dicionário Houaiss da Língua Portuguesa*. Rio de Janeiro: Objetiva, 2001. p. 1226.

No contrato de trabalho a prazo determinado o empregador contrata o empregado diretamente, inclusive para realizar atividades inerentes à sua atividade empresarial.

Com isso, já se tornava possível o entendimento de que a terceirização, desde que seja de serviços delimitados e especificados, pode dizer respeito às atividades essenciais da contratante, ou seja, integrantes de seu objetivo social.

Em outras palavras, com a Lei 13.429/2017, para certa corrente, a atividade-fim da empresa tomadora já poderia ser terceirizada para uma empresa prestadora especializada, respeitando-se a exigência de que os serviços sejam determinados e específicos[10].

A questão, entretanto, era controvertida, sabendo-se que a jurisprudência, em regra, admitia terceirização apenas de *serviços de vigilância, de conservação, limpeza e de atividades-meio da empresa tomadora*, desde que inexistente a pessoalidade e a subordinação direta (Súmula 331, item III, do TST, a qual não mais prevalece).

10. Cf. JOÃO, Paulo Sergio. O que muda com o projeto de lei sobre trabalho temporário e terceirização. *Consultor Jurídico*, 24 de março de 2017: "O outro aspecto do projeto de lei aprovado faz referência às empresas prestadoras de serviços, regulamentando a forma pela qual poderia ocorrer a prestação de serviços especializados. Neste sentido, não se distingue entre a atividade fim e atividade meio que, no nosso sentir podem conviver desde que não seja utilizada a prestação de serviços como forma de exclusão de direitos e desde que não submeta o empregado da empresa prestadora de serviços à condição de subordinado pessoalmente ao tomador". Disponível em: <http://www.conjur.com.br/2017-mar-24/reflexoes-trabalhistas-muda-pl-trabalho-temporario-terceirizacao>. Acesso em: 07 abr. 2017.

Atividade-meio é a de suporte, acessória ou periférica, que não integra o núcleo, ou seja, a essência das atividades empresariais do tomador, enquanto *atividade-fim* é a que compõe a atividade principal da empresa.

A *pessoalidade* (requisito da relação de emprego mencionado no art. 2º, *caput*, da CLT) significa a prestação dos serviços pelo próprio trabalhador (pessoa física, conforme art. 3º da CLT), sem que seja substituído constantemente por terceiros, aspecto este relevante ao empregador, que o contratou tendo em vista a sua pessoa. O contrato de trabalho caracteriza-se por ser *intuitu personae.*

Nos termos do art. 129 da Lei 11.196/2005, para fins fiscais e previdenciários, a prestação de serviços intelectuais, inclusive os de natureza científica, artística ou cultural, em caráter personalíssimo ou não, com ou sem a designação de quaisquer obrigações a sócios ou empregados da *sociedade prestadora de serviços*, quando por esta realizada, se sujeita tão somente à legislação aplicável às pessoas jurídicas, sem prejuízo da observância do disposto no art. 50 do Código Civil.

O referido dispositivo legal estabelece que as *pessoas jurídicas* prestadoras de *serviços intelectuais*, incluídos os de natureza científica, artística ou cultural, sujeitam-se apenas ao regime fiscal e previdenciário das pessoas jurídicas. Admite-se, entretanto, a desconsideração da personalidade jurídica da sociedade, em caso de abuso da personalidade jurídica, caracterizado pelo desvio de finalidade ou pela confusão patrimonial.

O Supremo Tribunal Federal declarou a *constitucionalidade* do art. 129 da Lei 11.196/2005 (STF, Pleno, ADC 66/DF, Rel. Min. Cármen Lúcia, j. 21.12.2020).

Prevaleceu o entendimento de que essa norma legal está em harmonia com os preceitos constitucionais, notadamente com o art. 1º, inciso IV, da Constituição Federal de 1988, ao prever que a República Federativa do Brasil tem como fundamentos, entre outros, os valores sociais do trabalho e da livre iniciativa. Nesse contexto, é livre o exercício de qualquer trabalho, ofício ou profissão, atendidas as qualificações profissionais que a lei estabelecer (art. 5º, inciso XIII, da Constituição da República). Além disso, é assegurado a todos o livre exercício de qualquer atividade econômica, independentemente de autorização de órgãos públicos, salvo nos casos previstos em lei (art. 170, parágrafo único, da Constituição Federal de 1988).

Ainda assim, a contratação de pessoa jurídica para a prestação de serviços intelectuais, conforme o caso concreto, pode ser objeto de verificação quanto à legalidade e regularidade, mesmo na esfera trabalhista (art. 9º da CLT), por não se admitir a fraude à lei (art. 166, inciso VI, do Código Civil), o abuso de direito (art. 187 do Código Civil) e o abuso da personalidade jurídica (art. 50 do Código Civil).

A *subordinação* ("dependência", na redação do art. 3º da CLT) significa que a prestação dos serviços é feita de forma dirigida pelo empregador, o qual exerce o poder de direção. O empregador corre os riscos da sua atividade e o empregado, justamente por não ser trabalhador autônomo, presta o seu serviço não por conta própria, mas sim alheia (ou seja, com subordinação jurídica ao empregador).

Como argumento contrário à possibilidade de se terceirizar também as atividades-fim da empresa contratante, podia-se alegar que a Lei 6.019/1974, modificada pela 13.429/2017, ao dispor sobre o trabalho temporário, é expressa ao prever que o contrato de trabalho temporário pode versar sobre o desenvolvimento de atividades-meio e atividades-fim a serem executadas na empresa tomadora de serviços (art. 9º, § 3º, da Lei 6.019/1974, acrescentado pela Lei 13.429/2017).

Diversamente, no caso de empresa prestadora de serviço, essa autorização mais ampla ainda não constava expressamente, permitindo a interpretação de que a terceirização continuava admitida apenas nos casos de atividades-meio da empresa contratante (tomadora)[11].

Além disso, era possível asseverar que a terceirização não deveria ser admitida em qualquer atividade da empresa contratante, justamente por ser exceção ao sistema, ao modificar o padrão jurídico bilateral da relação de emprego.

Conforme o art. 4º-A da Lei 6.019/1974, com redação dada pela Lei 13.467/2017, considera-se prestação de serviços a terceiros a transferência feita pela

---

11. Cf. CASSAR, Vólia Bomfim. Breves comentários à Lei 13.429/17 que altera a redação da Lei 6.019/74. *GEN Jurídico*, 03 de abril de 2017: "Interpreto que o legislador não autorizou a terceirização geral para as atividades-fim da empresa, mas tão somente para as atividades-meio desta, pois, quando quis ser expresso na autorização de terceirização de atividade-fim, o fez, como foi o caso do trabalho temporário". Disponível em: <http://genjuridico.com.br/2017/04/03/breves-comentarios-lei-13-42917-que-altera-redacao-da-lei-6-01974/>. Acesso em: 07 abr. 2017.

contratante da execução de quaisquer de suas atividades, *inclusive sua atividade principal*, à pessoa jurídica de direito privado prestadora de serviços que possua capacidade econômica compatível com a sua execução.

Com isso, a terceirização, entendida como prestação de serviços a terceiros, passa a ser entendida como a transferência feita pela contratante da execução de *quaisquer de suas atividades*, inclusive a sua atividade principal, à pessoa jurídica de direito privado prestadora de serviços.

Admite-se de forma expressa a terceirização de forma ampla, ou seja, de quaisquer das atividades da contratante (tomadora), inclusive de sua atividade principal.

Logo, ficou superada a distinção entre atividades-fim e atividades-meio, anteriormente adotada pela jurisprudência, como se observava na Súmula 331, item III, do TST (a qual não mais prevalece).

Na mesma linha, cabe reiterar que o Supremo Tribunal Federal fixou a seguinte tese de repercussão geral: "É lícita a terceirização ou qualquer outra forma de divisão do trabalho entre pessoas jurídicas distintas, independentemente do objeto social das empresas envolvidas, mantida a responsabilidade subsidiária da empresa contratante" (STF, Pleno, RE 958.252/MG, Rel. Min. Luiz Fux, j. 30.08.2018). No referido julgado foi reconhecida a inconstitucionalidade dos itens I, III, IV e VI da Súmula 331 do TST, por violação aos princípios da livre iniciativa (arts. 1º, inciso IV, e 170 da Constituição Federal de 1988) e da liberdade contratual (art.

5º, inciso II, da Constituição da República), como se observa em sua ementa[12].

---

12. "Recurso extraordinário representativo de controvérsia com repercussão geral. Direito Constitucional. Direito Do Trabalho. Constitucionalidade da 'terceirização'. Admissibilidade. Ofensa direta. Valores sociais do trabalho e da livre iniciativa (art. 1º, IV, CRFB). Relação complementar e dialógica, não conflitiva. Princípio da liberdade jurídica (art. 5º, II, CRFB). Consectário da dignidade da pessoa humana (art. 1º, III, CRFB). Vedação a restrições arbitrárias e incompatíveis com o postulado da proporcionalidade. Demonstração empírica da necessidade, adequação e proporcionalidade estrita de medida restritiva como ônus do proponente desta. Rigor do escrutínio equivalente à gravidade da medida. Restrição de liberdade estabelecida jurisprudencialmente. Exigência de grau máximo de certeza. Mandamento democrático. Legislativo como *locus* adequado para escolhas políticas discricionárias. Súmula 331 TST. Proibição da terceirização. Exame dos fundamentos. Inexistência de fragilização de movimentos sindicais. Divisão entre 'atividade-fim' e 'atividade-meio' imprecisa, artificial e incompatível com a economia moderna. Cisão de atividades entre pessoas jurídicas distintas. Estratégia organizacional. Inexistência de caráter fraudulento. Proteção constitucional da liberdade de desenho empresarial (arts. 1º, IV, e 170). Ciências econômicas e teoria da administração. Profusa literatura sobre os efeitos positivos da terceirização. Observância das regras trabalhistas por cada empresa em relação aos empregados que contratarem. Efeitos práticos da terceirização. Pesquisas empíricas. Necessária observância de metodologia científica. Estudos demonstrando efeitos positivos da terceirização quanto a emprego, salários, *turnover* e crescimento econômico. Insubsistência das premissas da proibição jurisprudencial da terceirização. Inconstitucionalidade dos incisos I, III, IV e VI da Súmula 331 do TST. Afastamento da responsabilidade subsidiária da contratante por obrigações da contratada. Recurso extraordinário provido. 1. Recurso extraordinário com repercussão geral reconhecida para examinar a constitucionalidade da Súmula nº

331 do Tribunal Superior do Trabalho, no que concerne à proibição da terceirização de atividades-fim e responsabilização do contratante pelas obrigações trabalhistas referentes aos empregados da empresa terceirizada. 2. Interesse recursal subsistente após a aprovação das Leis nº 13.429, de 31 de março de 2017, e 13.467, de 13 de julho de 2017, as quais modificaram a Lei nº 6.019/1974 para expressamente consagrar a terceirização das chamadas 'atividades-fim', porquanto necessário não apenas fixar o entendimento desta Corte sobre a constitucionalidade da tese esposada na Súmula nº 331 do TST quanto ao período anterior à vigência das referidas Leis, como também deliberar a respeito da subsistência da orientação sumular do TST posteriormente às reformas legislativas. 3. A interpretação jurisprudencial do próprio texto da Carta Magna, empreendida pelo Tribunal *a quo*, revela a admissibilidade do apelo extremo, por traduzir ofensa direta e não oblíqua à Constituição. Inaplicável, dessa forma, a orientação esposada na Súmula nº 636 desta Egrégia Corte. Mais além, não tem incidência o verbete sumular nº 283 deste Egrégio Tribunal, porquanto a motivação de cunho legal do aresto recorrido é insuficiente para validar o acórdão de forma autônoma. 4. Os valores do trabalho e da livre iniciativa, insculpidos na Constituição (art. 1º, IV), são intrinsecamente conectados, em uma relação dialógica que impede seja rotulada determinada providência como maximizadora de apenas um desses princípios, haja vista ser essencial para o progresso dos trabalhadores brasileiros a liberdade de organização produtiva dos cidadãos, entendida esta como balizamento do poder regulatório para evitar intervenções na dinâmica da economia incompatíveis com os postulados da proporcionalidade e da razoabilidade. 5. O art. 5º, II, da Constituição consagra o princípio da liberdade jurídica, consectário da dignidade da pessoa humana, restando cediço em sede doutrinária que o 'princípio da liberdade jurídica exige uma situação de disciplina jurídica na qual se ordena e se proíbe o mínimo possível' (ALEXY, Robert. *Teoria dos Direitos Fundamentais*. Trad. Virgílio Afonso da Silva. São Paulo: Malheiros, 2008. p. 177). 6. O direito geral de liberdade, sob pena de tornar-se estéril, somente pode ser restringido por medidas informadas por parâmetro constitucionalmente legítimo e adequadas ao

teste da proporcionalidade. 7. O ônus de demonstrar empiricamente a necessidade e adequação da medida restritiva a liberdades fundamentais para o atingimento de um objetivo constitucionalmente legítimo compete ao proponente da limitação, exigindo-se maior rigor na apuração da certeza sobre essas premissas empíricas quanto mais intensa for a restrição proposta. 8. A segurança das premissas empíricas que embasam medidas restritivas a direitos fundamentais deve atingir grau máximo de certeza nos casos em que estas não forem propostas pela via legislativa, com a chancela do debate público e democrático, restando estéreis quando impostas por construção jurisprudencial sem comprovação inequívoca dos motivos apontados. 9. A terceirização não fragiliza a mobilização sindical dos trabalhadores, porquanto o art. 8º, II, da Constituição contempla a existência de apenas uma organização sindical para cada categoria profissional ou econômica, mercê de a dispersão territorial também ocorrer quando uma mesma sociedade empresarial divide a sua operação por diversas localidades distintas. 10. A dicotomia entre 'atividade-fim' e 'atividade-meio' é imprecisa, artificial e ignora a dinâmica da economia moderna, caracterizada pela especialização e divisão de tarefas com vistas à maior eficiência possível, de modo que frequentemente o produto ou serviço final comercializado por uma entidade comercial é fabricado ou prestado por agente distinto, sendo também comum a mutação constante do objeto social das empresas para atender a necessidades da sociedade, como revelam as mais valiosas empresas do mundo. É que a doutrina no campo econômico é uníssona no sentido de que as 'Firmas mudaram o escopo de suas atividades, tipicamente reconcentrando em seus negócios principais e terceirizando muitas das atividades que previamente consideravam como centrais' (ROBERTS, John. *The Modern Firm*: Organizational Design for Performance and Growth. Oxford: Oxford University Press, 2007). 11. A cisão de atividades entre pessoas jurídicas distintas não revela qualquer intuito fraudulento, consubstanciando estratégia, garantida pelos artigos 1º, IV, e 170 da Constituição brasileira, de configuração das empresas para fazer frente às exigências dos consumidores, justamente porque elas assumem o risco da atividade, representando a perda de eficiência uma ameaça à sua sobrevivência e ao emprego dos trabalhadores. 12. Histórico científico: Ronald H. Coase, 'The Nature of The Firm', Economica (new series), Vol. 4, Issue 16, p. 386-405, 1937. O objetivo de uma organização empresarial é o de reproduzir a distribuição de fatores sob competição atomística dentro da firma, apenas fazendo sentido a produção de um bem ou serviço internamente em sua estrutura quando os custos disso não ultrapassarem os custos de obtenção perante terceiros no mercado, estes denominados 'custos de transação', método segundo o qual firma e sociedade desfrutam de maior produção e menor desperdício. 13. A Teoria da Administração qualifica a terceirização (*outsourcing*) como modelo organizacional de desintegração vertical, destinado ao alcance de ganhos de performance por meio da transferência para outros do fornecimento de bens e serviços anteriormente providos pela própria firma, a fim de que esta se concentre somente naquelas atividades em que pode gerar o maior valor, adotando a função de 'arquiteto vertical' ou 'organizador da cadeia de valor'. 14. A terceirização apresenta os seguintes benefícios: (i) aprimoramento de tarefas pelo aprendizado especializado; (ii) economias de escala e de escopo; (iii) redução da complexidade organizacional; (iv) redução de problemas de cálculo e atribuição, facilitando a provisão de incentivos mais fortes a empregados; (v) precificação mais precisa de custos e maior transparência; (vi) estímulo à competição de fornecedores externos; (vii) maior facilidade de adaptação a necessidades de modificações estruturais; (viii) eliminação de problemas de possíveis excessos de produção; (ix) maior eficiência pelo fim de subsídios cruzados entre departamentos com desempenhos diferentes; (x) redução dos custos iniciais de entrada no mercado, facilitando o surgimento de novos concorrentes; (xi) superação de eventuais limitações de acesso a tecnologias ou matérias-primas; (xii) menor alavancagem operacional, diminuindo a exposição da companhia a riscos e oscilações de balanço, pela redução de seus custos fixos; (xiii) maior flexibilidade para adaptação ao mercado; (xiv) não comprometimento de recursos que poderiam ser utilizados em setores estratégicos; (xv) diminuição da possibilidade de falhas de um setor se comunicarem a outros; e (xvi) melhor adaptação a diferentes requerimentos de administração, *know-how* e estrutura, para setores e atividades distintas. 15. A terceirização de uma etapa produtiva é estratégia de organização que depende da peculiaridade de cada mercado e cada empresa, destacando a *opinio doctorum* que por vezes a configuração ótima pode ser o fornecimento tanto interno quanto externo (GULATI, Ranjay; PURANAM, Phanish; BHATTACHARYA, Sourav. 'How Much to Make and How Much to Buy? An Analysis of Optimal Plural Sourcing Strategies'. Strategic Management Journal 34, nº 10 (October 2013): 1145-1161). Deveras, defensável à luz da teoria econômica até mesmo a terceirização dos Conselhos de Administração das companhias às chamadas *Board Service Providers* (BSPs) (BAINBRIDGE, Stephen M.; Henderson, M. Todd. 'Boards-R-Us: Reconceptualizing Corporate Boards' (July 10, 2013). University of Chicago Coase-Sandor Institute for Law & Economics Research Paper Nº 646; UCLA School of Law, Law-Econ Research Paper Nº 13-11). 16. As leis trabalhistas devem ser observadas por cada uma das empresas envolvidas na cadeia de valor com relação aos empregados que contratarem, tutelando-se, nos termos constitucionalmente assegurados, o interesse dos trabalhadores. 17. A prova dos efeitos práticos da terceirização demanda pesquisas empíricas, submetidas aos rígidos procedimentos reconhecidos pela comunidade científica para desenho do projeto, coleta, codificação, análise de dados e, em especial, a realização de inferências causais mediante correta aplicação de ferramentas matemáticas, estatísticas e informáticas, evitando-se o enviesamento por omissão de variáveis ('omitted variable bias'). 18. A terceirização, segundo estudos empíricos criteriosos, longe de 'precarizar', 'reificar' ou prejudicar os empregados, resulta em inegáveis benefícios aos trabalhadores em geral, como a redução do desemprego, diminuição do *turnover*, crescimento econômico e aumento de salários, permitindo a concretização de mandamentos constitucionais como "erradicar a pobreza e a marginalização e reduzir as desigualdades sociais e regionais", 'redução das desigualdades regionais e sociais' e a 'busca do pleno emprego' (arts. 3º, III, e 170

CRFB). 19. A realidade brasileira, apurada em estudo específico, revela que 'os trabalhadores das atividades de Segurança/vigilância recebem, em média, 5% a mais quando são terceirizados', que "ocupações de alta qualificação e que necessitam de acúmulo de capital humano específico, como P&D [pesquisa e desenvolvimento] e TI [tecnologia da informação], pagam salários maiores aos terceirizados", bem como afirmou ser 'possível que [em] serviços nos quais os salários dos terceirizados são menores, o nível do emprego seja maior exatamente porque o 'preço' (salário) é menor' (ZYLBERSTAJN, Hélio *et alii*. "Diferencial de salários da mão de obra terceirizada no Brasil". In: CMICRO - Nº 32, *Working Paper Series*, 07 de agosto de 2015, FGV-EESP). 20. A teoria econômica, à luz dessas constatações empíricas, vaticina que, *verbis*: 'Quando a terceirização permite às firmas produzir com menos custos, a competição entre firmas que terceirizam diminuirá os preços dos seus produtos. (...) consumidores terão mais dinheiro para gastar com outros bens, o que ajudará empregos em outras indústrias' (TAYLOR, Timothy. 'In Defense of Outsourcing'. In: 25 Cato J. 367 2005. p. 371). 21. O escrutínio rigoroso das premissas empíricas assumidas pela Corte de origem revela insubsistentes as afirmações de fraude e precarização, não sendo suficiente para embasar a medida restritiva o recurso meramente retórico a interpretações de cláusulas constitucionais genéricas, motivo pelo qual deve ser afastada a proibição, em homenagem às liberdades fundamentais consagradas na Carta Magna (art. 1º, IV, art. 5º, II, e art. 170). 22. Em conclusão, a prática da terceirização já era válida no direito brasileiro mesmo no período anterior à edição das Leis nº 13.429/2017 e 13.467/2017, independentemente dos setores em que adotada ou da natureza das atividades contratadas com terceira pessoa, reputando-se inconstitucional a Súmula nº 331 do TST, por violação aos princípios da livre iniciativa (artigos 1º, IV, e 170 da CRFB) e da liberdade contratual (art. 5º, II, da CRFB). 23. As contratações de serviços por interposta pessoa são hígidas, na forma determinada pelo negócio jurídico entre as partes, até o advento das Leis nº 13.429/2017 e 13.467/2017, marco temporal após o qual incide o regramento

O Supremo Tribunal Federal também julgou *procedente* a arguição de descumprimento de preceito fundamental (em que se questionou a constitucionalidade da interpretação adotada em reiteradas decisões da Justiça do Trabalho que restringiam a terceirização com base na Súmula 331 do Tribunal Superior do Trabalho) e firmou a seguinte tese: "1. É lícita a terceirização de toda e qualquer atividade, meio ou fim, não se configurando relação de emprego entre a contratante e o empregado da contratada. 2. Na terceirização, compete à contratante: i) verificar a idoneidade e a capacidade econômica da terceirizada; e ii) responder subsidiariamente pelo descumprimento das normas trabalhistas, bem como por obrigações previdenciárias, na forma do art. 31 da Lei 8.212/1991". O Relator esclareceu que a referida decisão não afeta automaticamente os processos em relação aos quais tenha havido coisa julgada (STF, Pleno, ADPF

---

determinado na nova redação da Lei nº 6.019/1974, inclusive quanto às obrigações e formalidades exigidas das empresas tomadoras e prestadoras de serviço. 24. É aplicável às relações jurídicas preexistentes à Lei nº 13.429, de 31 de março de 2017, a responsabilidade subsidiária da pessoa jurídica contratante pelas obrigações trabalhistas não adimplidas pela empresa prestadora de serviços, bem como a responsabilidade pelo recolhimento das contribuições previdenciárias devidas por esta (art. 31 da Lei nº 8.212/93), mercê da necessidade de evitar o vácuo normativo resultante da insubsistência da Súmula nº 331 do TST. 25. Recurso Extraordinário a que se dá provimento para reformar o acórdão recorrido e fixar a seguinte tese: 'É lícita a terceirização ou qualquer outra forma de divisão do trabalho entre pessoas jurídicas distintas, independentemente do objeto social das empresas envolvidas, mantida a responsabilidade subsidiária da empresa contratante'" (STF, Pleno, RE 958.252/MG, Rel. Min. Luiz Fux, DJe 13.09.2019).

324/DF, Rel. Min. Roberto Barroso, j. 30.08.2018), conforme também explicitado em sua ementa[13].

---

13. "Direito do Trabalho. Arguição de Descumprimento de Preceito Fundamental. Terceirização de atividade-fim e de atividade-meio. Constitucionalidade. 1. A Constituição não impõe a adoção de um modelo de produção específico, não impede o desenvolvimento de estratégias empresariais flexíveis, tampouco veda a terceirização. Todavia, a jurisprudência trabalhista sobre o tema tem sido oscilante e não estabelece critérios e condições claras e objetivas, que permitam sua adoção com segurança. O direito do trabalho e o sistema sindical precisam se adequar às transformações no mercado de trabalho e na sociedade. 2. A terceirização das atividades-meio ou das atividades-fim de uma empresa tem amparo nos princípios constitucionais da livre iniciativa e da livre concorrência, que asseguram aos agentes econômicos a liberdade de formular estratégias negociais indutoras de maior eficiência econômica e competitividade. 3. A terceirização não enseja, por si só, precarização do trabalho, violação da dignidade do trabalhador ou desrespeito a direitos previdenciários. É o exercício abusivo da sua contratação que pode produzir tais violações. 4. Para evitar tal exercício abusivo, os princípios que amparam a constitucionalidade da terceirização devem ser compatibilizados com as normas constitucionais de tutela do trabalhador, cabendo à contratante: i) verificar a idoneidade e a capacidade econômica da terceirizada; e ii) responder subsidiariamente pelo descumprimento das normas trabalhistas, bem como por obrigações previdenciárias (art. 31 da Lei 8.212/1993). 5. A responsabilização subsidiária da tomadora dos serviços pressupõe a sua participação no processo judicial, bem como a sua inclusão no título executivo judicial. 6. Mesmo com a superveniência da Lei 13.467/2017, persiste o objeto da ação, entre outras razões porque, a despeito dela, não foi revogada ou alterada a Súmula 331 do TST, que consolidava o conjunto de decisões da Justiça do Trabalho sobre a matéria, a indicar que o tema continua a demandar a manifestação do Supremo Tribunal Federal a respeito dos aspectos constitucionais da terceirização. Além disso, a

Ainda assim, entende-se que a *intermediação irregular de mão de obra* não é admitida, por resultar em fraude ao vínculo de emprego com o efetivo empregador (art. 9º da CLT) e em violação ao valor social do trabalho (art. 1º, inciso IV, da Constituição da República), o qual não pode ser tratado como mercadoria.

Desse modo, a terceirização deve envolver a prestação de *serviços* e não o fornecimento de trabalhadores por meio de empresa interposta. Portanto, defende-se o entendimento de que os referidos serviços, na terceirização, normalmente devem ter certa especialidade[14].

---

aprovação da lei ocorreu após o pedido de inclusão do feito em pauta. 7. Firmo a seguinte tese: '1. É lícita a terceirização de toda e qualquer atividade, meio ou fim, não se configurando relação de emprego entre a contratante e o empregado da contratada. 2. Na terceirização, compete à contratante: i) verificar a idoneidade e a capacidade econômica da terceirizada; e ii) responder subsidiariamente pelo descumprimento das normas trabalhistas, bem como por obrigações previdenciárias, na forma do art. 31 da Lei 8.212/1993'. 8. ADPF julgada procedente para assentar a licitude da terceirização de atividade-fim ou meio. Restou explicitado pela maioria que a decisão não afeta automaticamente decisões transitadas em julgado" (STF, Pleno, ADPF 324/DF, Rel. Min. Roberto Barroso, DJe 06.09.2019).

14. Cf. MANNRICH, Nelson. *A modernização do contrato de trabalho*. São Paulo: LTr, 1998. p. 117: "Quando se fala em atividade econômica, não há vinculação, necessariamente, à ideia de lucro, mas de produção de bens e serviços. Daí a necessidade de a empresa contratada possuir certa especialidade, uma atividade definida, nos termos do contrato social. Inexistindo tal atividade, ou, quando, ao contrário, uma infinidade de objetos aparece no contrato social, há indícios de mera intermediação ilegal ou tráfico de mão de obra, especialmente se houver finalidade lucrativa. A ilegalidade não decorre diretamente de expressa vedação legal, mas, indiretamente, do nosso sistema

Isso é confirmado pelo art. 5º-B da Lei 6.019/1974, acrescentado pela Lei 13.429/2017, ao prever que o *contrato de prestação de serviços* deve conter a qualificação das partes, a *especificação do serviço* a ser prestado, o prazo para realização do serviço, quando for o caso, e o valor.

Portanto, a empresa prestadora não pode prestar serviços genéricos, pois não se admite a terceirização, pela empresa contratante (tomadora), de atividades sem especificação.

A empresa prestadora de serviços (contratada) é considerada a *pessoa jurídica de direito privado* prestadora de serviços que possua capacidade econômica compatível com a sua execução (art. 4º-A da Lei 6.019/1974).

A empresa prestadora de serviços a terceiros, assim, não pode ser pessoa física, nem empresário individual, devendo ser necessariamente pessoa jurídica.

De todo modo, na terceirização lícita não há pessoalidade e subordinação direta entre o empregado da empresa prestadora de serviços e o tomador (contratante), justamente porque este último não é o empregador.

No que se refere à empresa tomadora, não deve importar a *pessoalidade* quanto a quem está efetivamente prestando os serviços terceirizados, mas sim a atividade especializada contratada, sendo irrelevante a substituição de trabalhadores da prestadora. O ente tomador, na terceirização, contrata o serviço

---

jurídico, seja do conceito de empregador, que não se ajusta ao de tráfico de mão de obra, seja do conceito de empregado (art. 3º da CLT), devendo-se considerar, também, o art. 9º, da CLT".

empresarial especializado, mas não a mão de obra ou certo trabalhador.

Como mencionado anteriormente, o trabalho humano, protegido constitucionalmente, não pode ser objeto de intermediação, nem ter tratamento semelhante ao de mercadoria, sob pena de afronta ao direito fundamental da dignidade da pessoa humana[15].

Assim, a *empresa prestadora de serviços* contrata, remunera e dirige o trabalho realizado por seus trabalhadores, ou subcontrata outras empresas para realização desses serviços (art. 4º-A, § 1º, da Lei 6.019/1974).

A parte final desse dispositivo legal expressamente permite a chamada *terceirização em cadeia*, em que a empresa prestadora de serviços subcontrata outras empresas para a realização dos serviços contratados pela empresa tomadora. A rigor, essa hipótese pode se distinguir da *quarteirização*, na qual certa empresa é contratada para administrar e gerir os diversos contratos de prestação de serviços mantidos pela empresa contratante.

O empregador do empregado terceirizado é a empresa prestadora de serviços. Logo, esta contrata, remunera e dirige o trabalho realizado pelos seus empregados, ou seja, exerce o poder de direção (arts. 2º e 3º da CLT). Vale dizer, a subordinação jurídica do empregado terceirizado existe em face da empresa prestadora de serviços (e não do tomador ou contratante).

15. Cf. *Declaração de Filadélfia*, da Organização Internacional do Trabalho (OIT): "I - A Conferência reafirma os princípios fundamentais sobre os quais repousa a Organização, principalmente os seguintes: a) o trabalho não é uma mercadoria" (In: SÜSSEKIND, Arnaldo. *Direito internacional do trabalho*. 3. ed. São Paulo: LTr, 2000. p. 23).

Não se configura vínculo empregatício entre os trabalhadores, ou sócios das empresas prestadoras de serviços, qualquer que seja o seu ramo, e a empresa contratante (art. 4º-A, § 2º, da Lei 6.019/1974).

Essa ausência de vínculo de emprego entre a empresa tomadora e os empregados da empresa prestadora de serviços, evidentemente, pressupõe que a terceirização tenha sido feita em consonância com as exigências legais.

A empresa prestadora de serviços, como empregadora, mantém contrato de trabalho com os seus empregados, mas estes laboram na empresa tomadora (contratante).

O poder de direção, assim, deve ser exercido pela empresa prestadora de serviços em face de seus empregados, embora estes laborem na empresa contratante (tomadora).

Desse modo, os referidos empregados são juridicamente subordinados à empresa prestadora de serviços e não à tomadora.

A remuneração dos empregados terceirizados também é devida pela empresa prestadora de serviço, por ser a empregadora.

São requisitos para o funcionamento da empresa de prestação de serviços a terceiros:

> I - prova de inscrição no Cadastro Nacional da Pessoa Jurídica (CNPJ);
>
> II - registro na Junta Comercial;
>
> III - capital social compatível com o número de empregados, observando-se os seguintes parâmetros:

a) empresas com até 10 empregados - capital mínimo de R$ 10.000,00;

b) empresas com mais de 10 e até 20 empregados - capital mínimo de R$ 25.000,00;

c) empresas com mais de 20 e até 50 empregados - capital mínimo de R$ 45.000,00;

d) empresas com mais de 50 e até 100 empregados - capital mínimo de R$ 100.000,00;

e) empresas com mais de 100 empregados - capital mínimo de R$ 250.000,00 (art. 4º-B da Lei 6.019/1974, acrescentada pela Lei 13.429/2017).

Na terceirização lícita, a fiscalização, o controle e a organização das atividades do empregado (do serviço terceirizado) não devem ser feitas pelo tomador, mas sim pelo empregador, que é a empresa prestadora. Na hipótese em análise, a relação jurídica do tomador é com a referida empresa, e não com os empregados desta.

Da mesma forma, quem deve exercer o poder disciplinar, perante o trabalhador terceirizado, é o seu empregador. Na terceirização, o empregado não deve ser subordinado de forma direta ao tomador dos serviços, mas sim à empresa prestadora, uma vez que esta exerce o poder de direção.

3.4 TERCEIRIZAÇÃO ILÍCITA

Aplica-se ao Direito do Trabalho o *princípio da primazia da realidade*, no sentido de que importa a efetiva verdade dos fatos, e não a simples forma ou denominação atribuída ao negócio jurídico.

Portanto, se o trabalhador for contratado por empresa interposta, forma-se o vínculo de emprego diretamente com o tomador dos serviços, salvo sem se tratando de trabalho temporário, observados os requisitos da Lei 6.019/1974.

Ou seja, se, na realidade dos fatos, o empregado tiver vínculo de emprego com o ente tomador, presentes a subordinação direta e a pessoalidade entre eles, este é o verdadeiro empregador, e não a empresa que somente intermediou a mão de obra, ainda que ela figure, formalmente, como contratante do trabalhador.

Essa intermediação configura fraude aos preceitos jurídico-trabalhistas, de natureza cogente, não produzindo efeitos em razão da nulidade incidente (art. 9º da CLT).

Se, com o fim de terceirizar certa atividade, for contratada empresa prestadora, mas o tomador exercer o poder diretivo diretamente perante o trabalhador, este, na realidade, passa a ter sua relação jurídica de emprego com o próprio tomador. Trata-se da consequência de a terceirização ser considerada ilícita.

Além disso, a empresa que intermediou a mão de obra também responde de forma solidária pelos créditos trabalhistas, com fundamento no art. 942 do Código Civil, c/c o art. 8º, parágrafo único, da CLT, justamente por ter participado da lesão ao direito decorrente da terceirização fraudulenta.

Portanto, caso haja subordinação direta dos empregados terceirizados com a empresa contratante, a terceirização deve ser considerada ilícita, gerando o vínculo de emprego diretamente com o tomador (exceto no caso da administração pública, em razão da exigência de aprovação prévia em concurso público, nos termos do art. 37, inciso II, da Constituição da República).

Na hipótese de terceirização ilícita, a empresa tomadora deve ser considerada a verdadeira empregadora e a empresa prestadora de serviços responde solidariamente pelos direitos trabalhistas.

Não se permite que o empregador, em vez de admitir diretamente os seus empregados, insira um intermediário como mero empregador formal, que apenas faz a intermediação irregular de mão de obra em favor daquele, procurando confundir o trabalho humano com simples mercadoria.

A violação dos preceitos indicados, em manifesto prejuízo da ordem social, afronta direitos trabalhistas de ordem fundamental, que asseguram a dignidade do trabalhador, correspondendo à grave infração da ordem pública, com nítidos contornos metaindividuais.

Efetivamente, no caso, toda a coletividade de trabalhadores é prejudicada, com graves repercussões à sociedade como um todo. Portanto, o ordenamento jurídico autoriza e determina a atuação coletiva do Ministério Público do Trabalho (arts. 127 e 129, inciso III, da Constituição Federal de 1988), bem como dos demais legitimados, com destaque para os entes sindicais (art. 8º, inciso III, da Constituição da República), no ajuizamento de ações civis públicas e de natureza coletiva, bem como na celebração de Termos de Compromisso de Ajustamento de Conduta pelo MPT (art. 5º, § 6º da Lei 7.347/1985).

A inspeção do trabalho, exercida pelos órgãos integrantes do Ministério do Trabalho (atualmente Ministério da Economia), também exerce papel fundamental nessa prevenção e repressão das ilegalidades relacionadas à fraude nas relações de trabalho (art. 21, inciso XXIV, da Constituição Federal de 1988).

Mesmo na esfera criminal, cabe destacar o tipo penal previsto no art. 203 do Código Penal, referente à "frustração de direito assegurado por lei trabalhista", com a seguinte redação:

> "Art. 203. Frustrar, mediante fraude ou violência, direito assegurado pela legislação do trabalho:
>
> Pena: detenção, de 1 (um) ano a 2 (dois) anos, e multa, além da pena correspondente à violência".

A referida pena é aumentada de 1/6 a 1/3 se a vítima é menor de 18 anos, idosa, gestante, indígena ou portadora de deficiência física ou mental (§ 2º do art. 203 do Código Penal).

A intermediação irregular de mão de obra constitui fraude à aplicação dos direitos trabalhistas, pois visa a retirar a incidência da respectiva legislação, de ordem pública, que tutela as relações de emprego. Por isso, a reação jurídica deve ser efetiva, incluindo-se a aplicação das previsões constantes dos crimes contra a organização do trabalho.

Nesse aspecto, de acordo com o art. 109, inciso VI, da Constituição Federal de 1988, compete aos juízes federais processar e julgar "os crimes contra a organização do trabalho".

Cabe destacar que o Supremo Tribunal Federal deferiu liminar em medida cautelar na Ação Direta de

Inconstitucionalidade 3.684-0, com efeito *ex tunc*, atribuiu interpretação conforme a Constituição aos incisos I, IV e IX do seu art. 114, declarando que no âmbito da Justiça do Trabalho não está incluída a competência em matéria criminal[16].

Conforme entendimento firmado na Súmula 115 do TFR, que ainda é aplicado pelos tribunais na atualidade:

> "Compete à Justiça Federal processar e julgar os crimes contra a organização do trabalho, quando tenham por objeto a organização geral do trabalho ou direitos dos trabalhadores considerados coletivamente".

No caso de fraude às relações de emprego, em razão de intermediação irregular de mão de obra, tem-se nitidamente o prejuízo a toda a coletividade de trabalhadores, afrontando a organização geral do trabalho como um todo.

Cabe o registro, ainda, da ilegalidade decorrente da intermediação de mão de obra com a utilização irregular do trabalho presidiário.

O *trabalho do preso*, de acordo com a Lei de Execução Penal (art. 28, § 2º, da Lei 7.210/1984), não está sujeito ao regime da Consolidação das Leis do Trabalho.

---

16. "Competência criminal. Justiça do Trabalho. Ações penais. Processo e julgamento. Jurisdição penal genérica. Inexistência. Interpretação conforme dada ao art. 114, incs. I, IV e IX, da CF, acrescidos pela EC nº 45/2004. Ação direta de inconstitucionalidade. Liminar deferida com efeito *ex tunc*. O disposto no art. 114, incs. I, IV e IX, da Constituição da República, acrescidos pela Emenda Constitucional nº 45, não atribui à Justiça do Trabalho competência para processar e julgar ações penais" (STF, Pleno, ADI-MC 3.684/DF, Rel. Min. Cezar Peluso, DJe 03.08.2007).

Desse modo, o entendimento normalmente adotado é no sentido da ausência de vínculo de emprego, deixando de incidir os diversos direitos previstos na legislação trabalhista[17].

A justificativa estaria nos contornos diferenciados do referido labor, visto como "dever social", tendo finalidade preponderantemente "educativa" (art. 28, *caput*, da Lei 7.210/1984), com importante papel na ressocialização do presidiário.

Desse modo, não se pode admitir a terceirização ilícita (abusiva) de toda a atividade ou produção da empresa para o presídio, em manifesta fraude às relações de trabalho, inaceitável prejuízo ao nível de emprego, constituindo até mesmo, no âmbito da ordem econômica, grave concorrência desleal perante as demais empresas (que admitem empregados e arcam com os custos dos diversos direitos trabalhistas e previdenciários).

Por isso, deve ser necessariamente observado o limite máximo de utilização da mão de obra carcerária, ou seja, até 10% do número de empregados ativados em cada empresa com quem o presídio ou centro de ressocialização mantenha parceria (convênio), seja no trabalho externo, seja no trabalho interno e nas oficinas de trabalho, nos termos dos arts. 34, § 2º, e 36 da Lei de Execução Penal (Lei 7.210/1984).

O limite de presos expressamente previsto no art. 36, § 1º (10% do total de empregados na obra), portanto,

---

17. No entanto, de acordo com o art. 28, § 1º, da Lei de Execução Penal: "Aplicam-se à organização e aos métodos de trabalho as precauções relativas à segurança e à higiene".

deve ser aplicado sistematicamente, ou seja, não só para o trabalho externo, mas extensiva e analogicamente também ao trabalho interno, inclusive em oficinas de trabalho[18].

---

18. "Recurso de revista. Ação civil pública. Indenização por dano moral coletivo. Descumprimento de preceito legal. Contratação de detentos acima do limite legal. Preterição de trabalhadores livres. Violação do direito social ao trabalho e ao postulado do pleno emprego. Releva para a configuração do dano moral coletivo a materialização de ofensa à ordem jurídica, ou seja, a todo o plexo de normas edificadas com a finalidade de tutela dos direitos mínimos assegurados aos trabalhadores a partir da matriz constitucional de 1988 e que se protrai por todo o ordenamento jurídico. Assim, o dano moral coletivo se caracteriza pela ofensa a uma coletividade e não apenas a um indivíduo e também pelo descumprimento de preceitos ou obrigações legais que causem dano a uma coletividade de trabalhadores. O artigo 186 do Código Civil expressamente prevê o cometimento de ato ilícito por parte daquele que, 'por ação ou omissão voluntária, negligência ou imprudência, violar direito e causar dano a outrem, ainda que exclusivamente moral'. Por outro lado, o artigo 927 do mesmo diploma legal atribui àquele que pratica ato ilícito o dever de indenizar. Na hipótese em apreço, a Corte Regional registrou que a empresa realizou a contratação de detentos em número superior ao permitido pela Lei de Execução Penal. Ressalte-se que, conforme quadro fático constante dos autos, a ré firmou convênio com uma ONG e o Poder Público e atuou diretamente dentro do presídio, local onde os presidiários lhe prestavam serviços de colagem de caixas. Nos termos do art. 28 da Lei de Execução Penal, o trabalho realizado pelo condenado tem finalidade educativa e produtiva, sendo um dever social e condição de dignidade humana. Por outro lado, o § 2º do referido dispositivo expressamente exclui do regime da CLT o trabalho realizado pelo preso. O trabalho constitui, ainda, um dever do condenado (art. 39, V, da Lei 7.210/1984). Sem dúvida que o trabalho do preso é benéfico para ele próprio e para a sociedade, como meio de ressocialização e

de afirmação de sua dignidade, bem como forma de qualificação profissional e reinserção no mercado de trabalho após o cumprimento da pena. Além disso, o trabalho do condenado constitui medida de remição da pena (art. 126 da LEP), que é diminuída proporcionalmente ao tempo de trabalho prestado. Dessa forma, o trabalho do detento é, a priori, medida de inclusão social. No entanto, o estímulo à contratação de mão de obra carcerária não pode servir de pretexto para violação de direitos sociais constitucionalmente garantidos a todos os cidadãos, qual seja, o direito ao trabalho e ao pleno emprego. Assim, no caso concreto, verifica-se a lesão a uma coletividade de trabalhadores pelo descumprimento do artigo 36, § 1º, da Lei 7.210/1984 (Lei de Execução Penal), que impõe o limite de 10% para a contratação de trabalho de presos. De fato, na interpretação gramatical do referido dispositivo se constata que a limitação se aplica ao trabalho externo realizado pelo preso. No entanto, cabe ao magistrado, no plano da hermenêutica, buscar uma interpretação que seja mais condizente com os princípios gerais do direito e à própria Constituição Federal. Isso porque, o ordenamento jurídico deve ser interpretado em seu todo, de maneira sistemática e lógica, a fim de buscar a sua completude e sincronia, evitando, assim, interpretações isoladas, com conclusões que levem ao absurdo. Dessa forma, a partir de uma interpretação da ordem constitucional, que tem como fundamento os valores sociais do trabalho e da livre iniciativa (art. 1º, IV, da CF), bem como o direito social ao trabalho (art. 6º da CF), o postulado da valorização do trabalho humano (art. 170, *caput*, da CF) e o princípio do pleno emprego (art. 170, VIII, da CF), verifica-se que a conduta da ré, em prestigiar a contratação de mão de obra de detentos em percentual superior ao permitido pela lei, sem reconhecimento de direitos trabalhistas assegurados pela CLT (conforme expressa determinação legal), em detrimento de outros trabalhadores livres, que buscam a efetivação do direito social ao trabalho e do pleno emprego, viola a ordem jurídica e causa dano moral coletivo. A Lei de Execução Penal, apesar de facultar a contratação de detentos, impõe limite máximo, de forma que agride a lei contratar além desse limite, pois a fraude reside na contratação sem vínculo para economizar custos de contratação com vínculo. Além disso, em se tratando de serviços prestados diretamente dentro do presídio, vários custos operacionais da empresa são reduzidos (ex.: energia elétrica, consumo de água, aluguel do espaço físico, transporte e alimentação dos prestadores de serviços, etc.). Por certo que não se pode desprestigiar a conduta da ré, que, ultrapassando preconceitos sociais e buscando a efetivação de direitos outros relacionados à comunidade carcerária, tem proporcionado dignidade a estes, implementando trabalho diretamente nos presídios. Por outro lado, essa faculdade por ela exercida deve observar um limite legalmente imposto, a fim de preservar a possibilidade de contratação de trabalhadores livres, que tenham direitos trabalhistas assegurados, realizando assim sua função social e a efetivação de direitos sociais constitucionalmente previstos. Diante do acima exposto, constata-se a existência de dano, bem como de nexo de causalidade e culpa da empresa, configurando ato ilícito a ensejar indenização do dano moral coletivo, tendo em vista que a empresa incorreu em descumprimento das obrigações legais a ela imposta ao contratar detentos em número superior ao permitido por lei. Recurso de revista conhecido por violação dos artigos 186 e 927 do CCB e provido" (TST, 3ª T., RR - 41600-72.2009.5.15.0024, Rel. Min. Alexandre de Souza Agra Belmonte, DEJT 13.04.2018).

CAPÍTULO 4

TERCEIRIZAÇÃO NA ADMINISTRAÇÃO PÚBLICA

4.1 PLANO CONSTITUCIONAL

O art. 37 da Constituição Federal de 1988, com redação dada pela Emenda Constitucional 19/1998, dispõe que a *administração pública* direta e indireta de qualquer dos Poderes da União, dos Estados, do Distrito Federal e dos Municípios deve obedecer aos *princípios de legalidade, impessoalidade, moralidade, publicidade e eficiência.*

Conforme o art. 37, inciso II, da Constituição da República, também com redação dada pela Emenda Constitucional 19/1998, a investidura em cargo ou emprego público depende de *aprovação prévia em concurso público* de provas ou de provas e títulos, de acordo com a natureza e a complexidade do cargo ou emprego, na forma prevista em lei, sendo ressalvadas as nomeações para cargo em comissão declarado em lei de livre nomeação e exoneração.

A regra, portanto, é a exigência de concurso público na administração, não se admitindo a terceirização em fraude a essa exigência constitucional.

Tanto é assim que a não observância dessa previsão implica a nulidade do ato e a punição da autoridade responsável, nos termos da lei (art. 37, § 2º, da Constituição Federal de 1988 e Súmula 331, item II, do TST)[1].

Isso resulta em evidente óbice à terceirização de atividades inerentes e essenciais da administração pública, a serem desempenhadas pelos agentes públicos.

Logo, em princípio, somente certos serviços da administração pública é que podem ser objeto de contratação com empresas prestadoras.

O art. 37, inciso XXI, da Constituição da República dispõe que ressalvados os casos especificados na legislação, *as obras, serviços, compras e alienações devem ser contratados mediante processo de licitação pública que assegure igualdade de condições a todos os concorrentes*, com cláusulas que estabeleçam obrigações de pagamento, mantidas as condições efetivas da proposta, nos termos da lei, o qual somente permitirá as exigências de qualificação técnica e econômica que sejam indispensáveis à garantia do cumprimento das obrigações.

Desse modo, no caso de terceirização no âmbito da administração pública, observa-se a presença de contrato administrativo, firmado com a empresa prestadora de serviço especializado, devendo ser precedido, em regra, de licitação[2].

---

1. Cf. Súmula 363 do TST: "A contratação de servidor público, após a CF/1988, sem prévia aprovação em concurso público, encontra óbice no respectivo art. 37, II, e § 2º, somente lhe conferindo direito ao pagamento da contraprestação pactuada, em relação ao número de horas trabalhadas, respeitado o valor da hora do salário mínimo, e dos valores referentes aos depósitos do FGTS".
2. Cf. MEIRELLES, Hely Lopes. *Direito administrativo brasileiro*. 26. ed. atual por Eurico de Andrade Azevedo, Délcio Balestero

4.2 PLANO INFRACONSTITUCIONAL

No âmbito infraconstitucional, o Decreto-Lei 200, de 25 de fevereiro de 1967, dispõe sobre a organização da Administração Federal, estabelece diretrizes para a Reforma Administrativa e dá outras providências.

Conforme o art. 10 do referido diploma legal, a execução das atividades da administração federal deve ser amplamente *descentralizada*.

Desse modo, para melhor se desincumbir das tarefas de planejamento, coordenação, supervisão e controle e com o objetivo de impedir o crescimento desmesurado da máquina administrativa, a administração deve procurar se desobrigar da realização material de tarefas executivas, recorrendo, sempre que possível, à *execução indireta*, mediante contrato, desde que exista, na área, iniciativa privada suficientemente desenvolvida e capacitada a desempenhar os encargos de execução (art. 10, § 7º, do Decreto-Lei 200, de 25 de fevereiro de 1967)[3].

Aleixo e José Emmanuel Burle Filho. São Paulo: Malheiros, 2001. p. 255-256.

3. Cf. CARELLI, Rodrigo de Lacerda. *Formas atípicas de trabalho*. São Paulo: LTr, 2004. p. 48: "Verifique-se que em nenhum momento se fala em fornecimento de pessoal, o que seria até mesmo absurdo atualmente, em face da exigência constitucional de concurso público para a inserção de trabalhador na Administração. Vê-se que se trata claramente de terceirização, cessão de tarefas ou serviços a serem realizados autonomamente por empresas capacitadas tecnicamente (especializadas). Assim, houve a previsão de terceirização pelo Dec.-lei n. 200/67, e não de fornecimento de trabalhadores".

A aplicação desse critério está condicionada, em qualquer caso, aos ditames do interesse público e às conveniências da segurança nacional (art. 10, § 8º).

A Lei 5.645, de 10 de dezembro de 1970, estabelecia diretrizes para a classificação de cargos do serviço civil da União e das autarquias federais e dava outras providências.

Nos termos do art. 3º, parágrafo único, do mencionado diploma legal, as atividades relacionadas com transporte, conservação, custódia, operação de elevadores, limpeza e outras assemelhadas deveriam ser de preferência objeto de *execução indireta*, mediante contrato, de acordo com o artigo 10, § 7º, do Decreto-Lei 200/1967[4].

Embora esse dispositivo tenha sido revogado pela Lei 9.527/1997, também confirmava que a terceirização deveria se limitar a atividades de apoio à administração pública.

Ainda quanto ao tema, o Decreto 2.271, de 7 de julho de 1997, dispunha sobre a contratação de serviços pela administração pública federal direta, autárquica e fundacional e dá outras providências. O Decreto 2.271/1997 foi revogado pelo Decreto 9.507, de 21 de setembro de 2018 (art. 17).

O Decreto 9.507/2018 dispõe sobre a *execução indireta*, mediante contratação, de serviços da administração

4. Cf. CAVALCANTE JUNIOR, Ophir. *A terceirização das relações laborais*. São Paulo: LTr, 1996. p. 119: "Atente-se para o fato de que a descrição contida na Lei n. 5.645/70 tem caráter meramente exemplificativo, embora todas elas se constituam em atividades-meio, atividades de apoio".

pública federal direta, autárquica e fundacional e das empresas públicas e das sociedades de economia mista controladas pela União (art. 1º).

Ato do Ministro de Estado do Planejamento, Desenvolvimento e Gestão deve estabelecer os serviços que serão *preferencialmente* objeto de execução indireta mediante contratação (art. 2º do Decreto 9.507/2018).

Não serão objeto de execução indireta na administração pública federal direta, autárquica e fundacional, os serviços: I - que envolvam a tomada de decisão ou posicionamento institucional nas áreas de planejamento, coordenação, supervisão e controle; II - que sejam considerados estratégicos para o órgão ou a entidade, cuja terceirização possa colocar em risco o controle de processos e de conhecimentos e tecnologias; III - que estejam relacionados ao poder de polícia, de regulação, de outorga de serviços públicos e de aplicação de sanção; IV - que sejam inerentes às categorias funcionais abrangidas pelo plano de cargos do órgão ou da entidade, exceto disposição legal em contrário ou quando se tratar de cargo extinto, total ou parcialmente, no âmbito do quadro geral de pessoal (art. 3º do Decreto 9.507/2018).

Os *serviços auxiliares, instrumentais ou acessórios* de que tratam os incisos acima podem ser executados de forma indireta, sendo vedada a transferência de responsabilidade para a realização de atos administrativos ou a tomada de decisão para o contratado.

Os serviços auxiliares, instrumentais ou acessórios de fiscalização e consentimento relacionados ao exercício do *poder de polícia* não serão objeto de execução indireta.

Nas empresas públicas e nas sociedades de economia mista controladas pela União, *não serão objeto de execução indireta* os serviços que demandem a utilização, pela contratada, de profissionais com atribuições inerentes às dos cargos integrantes de seus Planos de Cargos e Salários, exceto se contrariar os princípios administrativos da eficiência, da economicidade e da razoabilidade, tais como na ocorrência de, ao menos, uma das seguintes hipóteses: I - caráter temporário do serviço; II - incremento temporário do volume de serviços; III - atualização de tecnologia ou especialização de serviço, quando for mais atual e segura, que reduzem o custo ou for menos prejudicial ao meio ambiente; ou IV - impossibilidade de competir no mercado concorrencial em que se insere (art. 4º do Decreto 9.507/2018). Trata-se de exceção que, por fazer menção a preceitos genéricos, pode dar margem a questionamentos.

As situações de exceção a que se referem os incisos I e II podem estar relacionadas às especificidades da localidade ou à necessidade de maior abrangência territorial.

Os empregados da contratada com atribuições semelhantes ou não com as atribuições da contratante devem atuar somente no desenvolvimento dos serviços contratados.

Não se aplica a vedação do art. 4º do Decreto 9.507/2018 quando se tratar de cargo extinto ou em processo de extinção.

O Conselho de Administração ou órgão equivalente das empresas públicas e das sociedades de economia mista controladas pela União deve estabelecer o conjunto de atividades que são passíveis de *execução indireta, mediante contratação de serviços.*

Embora o Decreto 9.507/2018 estabeleça certa disciplina delimitadora quanto à execução indireta de serviços da administração pública federal, observa-se nítida *ampliação* quanto à admissão da terceirização nesse âmbito, notadamente quando se compara com as previsões do Decreto 2.271/1997[5], o qual foi revogado. A interpretação conforme a Constituição da República, assim, impõe que se observe a exigência de aprovação prévia em concurso público para a investidura em cargo ou emprego público (art. 37, inciso II).

É *vedada a contratação*, por órgão ou entidade da administração pública federal direta, autárquica e fundacional e das empresas públicas e das sociedades de economia mista controladas pela União (art. 1º do Decreto 9.507/2018), de pessoa jurídica na qual haja administrador ou sócio com poder de direção que tenham *relação de parentesco* com: detentor de cargo em comissão ou função de confiança que atue na área responsável pela demanda ou pela contratação; ou autoridade hierarquicamente superior no âmbito de cada órgão ou

---

5. "Art. 1º No âmbito da Administração Pública Federal direta, autárquica e fundacional poderão ser objeto de execução indireta as atividades materiais acessórias, instrumentais ou complementares aos assuntos que constituem área de competência legal do órgão ou entidade. § 1º As atividades de conservação, limpeza, segurança, vigilância, transportes, informática, copeiragem, recepção, reprografia, telecomunicações e manutenção de prédios, equipamentos e instalações serão, de preferência, objeto de execução indireta. § 2º Não poderão ser objeto de execução indireta as atividades inerentes às categorias funcionais abrangidas pelo plano de cargos do órgão ou entidade, salvo expressa disposição legal em contrário ou quando se tratar de cargo extinto, total ou parcialmente, no âmbito do quadro geral de pessoal".

entidade (art. 5º do Decreto 9.507/2018). Trata-se de proibição que tem como fundamento os *princípios da impessoalidade e da moralidade* na administração pública (art. 37, *caput*, da Constituição da República).

Para a *execução indireta de serviços*, no âmbito dos órgãos e das entidades da administração pública federal direta, autárquica e fundacional e das empresas públicas e das sociedades de economia mista controladas pela União, *as contratações devem ser precedidas de planejamento* e o objeto será definido de forma precisa no instrumento convocatório, no projeto básico ou no termo de referência e no contrato como exclusivamente de *prestação de serviços* (art. 6º do Decreto 9.507/2018).

Os referidos instrumentos convocatórios e os contratos podem prever padrões de aceitabilidade e nível de desempenho para aferição da qualidade esperada na prestação dos serviços, com previsão de adequação de pagamento em decorrência do resultado.

Merece destaque a previsão do art. 7º do Decreto 9.507/2018, no sentido de ser *vedada* a inclusão de disposições nos instrumentos convocatórios que permitam: a indexação de preços por índices gerais, nas hipóteses de alocação de mão de obra; *a caracterização do objeto como fornecimento de mão de obra*; a previsão de reembolso de salários pela contratante; *a pessoalidade e a subordinação direta dos empregados da contratada aos gestores da contratante*.

Os contratos de que trata o Decreto 9.507/2018 devem conter cláusulas que (art. 8º do Decreto 9.507/2018):

I - exijam da contratada declaração de responsabilidade exclusiva sobre a quitação dos encargos trabalhistas e sociais decorrentes do contrato;

II - exijam a indicação de preposto da contratada para representá-la na execução do contrato;

III - estabeleçam que o pagamento mensal pela contratante ocorrerá após a comprovação do pagamento das obrigações trabalhistas, previdenciárias e para com o Fundo de Garantia do Tempo de Serviço (FGTS) pela contratada relativas aos empregados que tenham participado da execução dos serviços contratados;

IV - estabeleçam a possibilidade de rescisão do contrato por ato unilateral e escrito do contratante e a aplicação das penalidades cabíveis, na hipótese de não pagamento dos salários e das verbas trabalhistas, e pelo não recolhimento das contribuições sociais, previdenciárias e para com o FGTS;

V - prevejam, com vistas à garantia do cumprimento das obrigações trabalhistas nas contratações de serviços continuados com dedicação exclusiva de mão de obra: a) que os valores destinados ao pagamento de férias, décimo terceiro salário, ausências legais e verbas rescisórias dos empregados da contratada que participarem da execução dos serviços contratados serão efetuados pela contratante à contratada somente na ocorrência do fato gerador; ou b) que os valores destinados ao pagamento das férias, décimo terceiro salário e verbas rescisórias dos empregados da contratada que participarem da execução dos serviços contratados serão depositados pela contratante em conta vinculada específica, aberta em nome da contratada, e com movimentação autorizada pela contratante;

VI - exijam a prestação de garantia, inclusive para pagamento de obrigações de natureza trabalhista, previdenciária e para com o FGTS, em valor correspondente a cinco por cento do valor do contrato, limitada ao equivalente a dois meses do custo da folha de pagamento dos empregados da contratada que venham a participar da execução dos serviços contratados, com prazo de validade de até noventa dias, contado da data de encerramento do contrato;

VII - prevejam a verificação pela contratante, do cumprimento das obrigações trabalhistas, previdenciárias e para com o FGTS, em relação aos empregados da contratada que participarem da execução dos serviços contratados, em especial, quanto: a) ao pagamento de salários, adicionais, horas extras, repouso semanal remunerado e décimo terceiro salário; b) à concessão de férias remuneradas e ao pagamento do respectivo adicional; c) à concessão do auxílio-transporte, auxílio-alimentação e auxílio-saúde, quando for devido; d) aos depósitos do FGTS; e) ao pagamento de obrigações trabalhistas e previdenciárias dos empregados dispensados até a data da extinção do contrato.

Na hipótese de não ser apresentada a documentação comprobatória do cumprimento das obrigações trabalhistas, previdenciárias e para com o FGTS de que trata o inciso VII, a contratante deve comunicar o fato à contratada e *reterá o pagamento da fatura mensal*, em valor proporcional ao inadimplemento, até que a situação esteja regularizada (art. 8º, § 1º, do Decreto 9.507/2018).

Na hipótese prevista no § 1º do art. 8º do Decreto 9.507/2018, e em não havendo quitação das obrigações por parte da contratada, no prazo de até 15 dias, a contratante poderá efetuar o pagamento das obrigações *diretamente* aos empregados da contratada que tenham participado da execução dos serviços contratados (art. 8º, § 2º, do Decreto 9.507/2018).

O sindicato representante da categoria do trabalhador deve ser *notificado pela contratante* para acompanhar o pagamento das verbas referidas nos § 1º e § 2º do art. 8º do Decreto 9.507/2018.

O pagamento das obrigações de que trata o § 2º do art. 8º do Decreto 9.507/2018, caso ocorra, não configura vínculo empregatício ou implica a assunção de responsabilidade por quaisquer obrigações dele decorrentes entre a contratante e os empregados da contratada.

Os contratos de prestação de serviços continuados que envolvam disponibilização de pessoal da contratada de forma prolongada ou contínua para consecução do objeto contratual devem exigir: apresentação pela contratada do quantitativo de empregados vinculados à execução do objeto do contrato de prestação de serviços, a lista de identificação destes empregados e respectivos salários; o cumprimento das obrigações estabelecidas em acordo, convenção, dissídio coletivo de trabalho ou equivalentes das categorias abrangidas pelo contrato; a relação de benefícios a serem concedidos pela contratada a seus empregados, que deve conter, no mínimo, o auxílio-transporte e o auxílio-alimentação, quando esses forem concedidos pela contratante (art. 9º do Decreto 9.507/2018).

A administração pública não se vincula às disposições estabelecidas em acordos, dissídios ou convenções coletivas de trabalho que tratem de: pagamento de participação dos trabalhadores nos lucros ou nos resultados da empresa contratada; matéria não trabalhista, ou que estabeleçam direitos não previstos em lei, tais como valores ou índices obrigatórios de encargos sociais ou previdenciários; preços para os insumos relacionados ao exercício da atividade.

A gestão e a fiscalização da execução dos contratos compreendem o conjunto de ações que objetivam: aferir o cumprimento dos resultados estabelecidos pela contratada; verificar a regularidade das obrigações previdenciárias, fiscais e trabalhistas; prestar apoio à instrução processual e ao encaminhamento da documentação pertinente para a formalização dos procedimentos relativos a repactuação, reajuste, alteração, reequilíbrio, prorrogação, pagamento, aplicação de sanções, extinção dos contratos, entre outras, com vistas a assegurar o cumprimento das cláusulas do contrato a solução de problemas relacionados ao objeto (art. 10 do Decreto 9.507/2018).

A gestão e a fiscalização acima indicadas competem ao *gestor da execução dos contratos*, auxiliado pela fiscalização técnica, administrativa, setorial e pelo público usuário e, se necessário, pode ter o auxílio de terceiro ou de empresa especializada, desde que justificada a necessidade de assistência especializada (art. 11 do Decreto 9.507/2018).

Será admitida a *repactuação de preços* dos serviços continuados sob regime de mão de obra exclusiva, com vistas à adequação ao preço de mercado, desde que: seja observado o interregno mínimo de um ano das datas dos orçamentos para os quais a proposta se referir; e seja demonstrada de forma analítica a variação dos componentes dos custos do contrato, devidamente justificada (art. 12 do Decreto 9.507/2018).

O *reajuste em sentido estrito*, espécie de reajuste nos contratos de serviço continuado sem dedicação exclusiva de mão de obra, consiste na aplicação de índice de correção monetária estabelecido no contrato, que deve retratar a variação efetiva do custo de produção, admitida a adoção de índices específicos ou setoriais (art. 13 do Decreto 9.507/2018).

É admitida a estipulação de reajuste em sentido estrito nos contratos de prazo de duração igual ou superior a um ano, desde que não haja regime de dedicação exclusiva de mão de obra.

Nas hipóteses em que o valor dos contratos de serviços continuados seja preponderantemente formado pelos custos dos insumos, pode ser adotado o reajuste de que trata o art. 13 do Decreto 9.507/2018.

As empresas públicas e as sociedades de economia mista controladas pela União devem adotar os mesmos parâmetros das sociedades privadas naquilo que não contrariar seu regime jurídico e o disposto no Decreto 9.507/2018 (art. 14).

Nesse sentido, cabe à lei estabelecer o estatuto jurídico da empresa pública, da sociedade de economia mista e de suas subsidiárias que explorem atividade econômica de produção ou comercialização de bens ou de prestação de serviços, dispondo sobre a *sujeição ao regime jurídico próprio das empresas privadas*, inclusive quanto aos direitos e obrigações civis, comerciais, trabalhistas e tributários (art. 173, § 1º, inciso II, da Constituição da República)[6].

---

6. A Lei 13.303/2016 dispõe sobre o estatuto jurídico da empresa pública, da sociedade de economia mista e de suas subsidiárias,

A Lei 8.666, de 21 de junho de 1993, regulamenta o art. 37, inciso XXI, da Constituição Federal, institui normas para *licitações* e contratos da administração pública e dá outras providências.

A respeito da responsabilidade subsidiária da administração pública em caso de terceirização, remete-se o leitor ao Capítulo 5, item 5.2.

A Lei 13.429/2017 não restringe a sua incidência à esfera privada, podendo dar margem ao entendimento de que certas previsões sobre terceirização poderiam ser aplicadas, em tese, também à administração pública, desde que sejam observadas as disposições específicas a respeito, como a exigência de licitação na contratação de serviços (art. 37, inciso XXI, da Constituição Federal de 1988).

Além disso, a terceirização na administração pública não pode acarretar o descumprimento da exigência constitucional de aprovação prévia em concurso público para a investidura em cargo ou emprego público (art. 37, inciso II, da Constituição da República).

De forma específica, o já mencionado Decreto 9.507/2018 dispõe sobre a execução indireta, mediante contratação, de serviços da administração pública federal direta, autárquica e fundacional e das empresas públicas e das sociedades de economia mista controladas pela União.

---

abrangendo toda e qualquer empresa pública e sociedade de economia mista da União, dos Estados, do Distrito Federal e dos Municípios que explore atividade econômica de produção ou comercialização de bens ou de prestação de serviços, ainda que a atividade econômica esteja sujeita ao regime de monopólio da União ou seja de prestação de serviços públicos.

Nos casos em que o contratante (tomador) é ente público, mesmo sendo a terceirização ilícita, envolvendo contratação irregular de trabalhador, mediante empresa interposta, não há possibilidade de reconhecimento do vínculo de emprego com os órgãos da administração pública direta, indireta ou fundacional, em razão da ausência do requisito constitucional de aprovação prévia em concurso público (art. 37, inciso II, e § 2º, da Constituição da República).

Nesse sentido, consoante a Súmula 331, item II, do TST:

> "II - A contratação irregular de trabalhador, mediante empresa interposta, não gera vínculo de emprego com os órgãos da Administração Pública direta, indireta ou fundacional (art. 37, II, da CF/1988)".

Trata-se de previsão que decorre justamente da ausência de prévia aprovação em concurso público[7].

Ainda assim, em se tratando de terceirização ilícita em que a administração pública figure como tomadora (contratante), segundo a Orientação Jurisprudencial 383 da SBDI-I do TST:

> "Terceirização. Empregados da empresa prestadora de serviços e da tomadora. Isonomia. Art. 12, 'a', da Lei nº 6.019, DE 03.01.1974. A contratação irregular de trabalhador, mediante empresa interposta, não gera vínculo de emprego com ente da Administração Pública, não afastando, contudo, pelo princípio da isonomia, o direito dos empregados terceirizados

---

7. Cf. MARTINS, Sergio Pinto. *A terceirização e o direito do trabalho*. 3. ed. São Paulo: Malheiros, 1997. p. 128.

> às mesmas verbas trabalhistas legais e normativas asseguradas àqueles contratados pelo tomador dos serviços, desde que presente a igualdade de funções. Aplicação analógica do art. 12, 'a', da Lei nº 6.019, de 03.01.1974".

Nessa linha de entendimento, se a contratante (tomadora) tiver empregados próprios (contratados diretamente) e empregados terceirizados (contratados pela empresa prestadora) exercendo as mesmas funções, em idênticas condições, tendo em vista a incidência do princípio da igualdade (art. 5º, *caput*, da Constituição da República), deve-se aplicar o mesmo patamar remuneratório e de outros direitos trabalhistas a ambos os tipos de empregados, para que não haja tratamento discriminatório entre trabalhadores (art. 3º, inciso IV, art. 5º, inciso XLI, e art. 7º, incisos XXX, XXXI e XXXII, da Constituição Federal de 1988).

Entretanto, na atualidade, o Supremo Tribunal Federal, ao julgar recurso extraordinário com repercussão geral, firmou entendimento em sentido diverso, afastando o direito à equiparação de remuneração e de direitos entre empregados de empresa pública tomadora de serviços e empregados da empresa contratada ou terceirizada (STF, Pleno, RE 635.546/MG, j. 22.09.2020).

Ademais, conforme a Orientação Jurisprudencial 321 da SBDI-I do TST:

> "Vínculo empregatício com a Administração Pública. Período anterior à CF/1988. Salvo os casos de trabalho temporário e de serviço de vigilância, previstos nas Leis ns. 6.019, de 3 de janeiro de 1974, e 7.102, de 20 de junho de 1983, é ilegal a contratação de trabalhadores por empresa interposta, formando-se o vínculo empregatício direta-

mente com o tomador dos serviços, inclusive ente público, em relação ao período anterior à vigência da CF/1988".

No regime da Constituição Federal de 1967, com a redação dada pela Emenda Constitucional 1/1969, a *primeira* investidura em *cargo público* é que dependia da aprovação em concurso público[8], não havendo, na época, essa mesma exigência quanto ao emprego público, regido pela Consolidação das Leis do Trabalho.

Em razão disso, quanto ao período anterior a 5 de outubro de 1988, caso a administração pública figure como tomadora de serviços, tratando-se de terceirização irregular ou contratação de trabalhador por empresa interposta (intermediação ilícita de mão de obra), forma-se o vínculo empregatício diretamente com aquela.

Para o empregado público em específico, a prévia aprovação em concurso público é requisito exigido somente a partir da vigência da Constituição Federal de 1988 (art. 37, inciso II, e § 2º). Portanto, a contratação, antes de 5.10.1988, sem esse requisito, não implica nulidade, e o vínculo de emprego prossegue normalmente.

Aliás, se presentes os requisitos do art. 19 do Ato das Disposições Constitucionais Transitórias, o servidor será até mesmo considerado estável no serviço público[9].

---

8. Cf. DI PIETRO, Maria Sylvia Zanella. *Direito administrativo*. 19. ed. São Paulo: Atlas, 2006. p. 581.

9. "Art. 19. Os servidores públicos civis da União, dos Estados, do Distrito Federal e dos Municípios, da administração direta, autárquica e das fundações públicas, em exercício na data da promulgação da Constituição, há pelo menos cinco anos continuados,

Quanto ao tema, segundo a Orientação Jurisprudencial 364 da SBDI-I do TST:

> "Estabilidade. Art. 19 do ADCT. Servidor público de fundação regido pela CLT. Fundação instituída por lei e que recebe dotação ou subvenção do Poder Público para realizar atividades de interesse do Estado, ainda que tenha personalidade jurídica de direito privado, ostenta natureza de fundação pública. Assim, seus servidores regidos pela CLT são beneficiários da estabilidade excepcional prevista no art. 19 do ADCT".

---

e que não tenham sido admitidos na forma regulada no art. 37, da Constituição, são considerados estáveis no serviço público. § 1º O tempo de serviço dos servidores referidos neste artigo será contado como título quando se submeterem a concurso para fins de efetivação, na forma da lei. § 2º O disposto neste artigo não se aplica aos ocupantes de cargos, funções e empregos de confiança ou em comissão, nem aos que a lei declare de livre exoneração, cujo tempo de serviço não será computado para os fins do 'caput' deste artigo, exceto se se tratar de servidor. § 3º O disposto neste artigo não se aplica aos professores de nível superior, nos termos da lei".

CAPÍTULO 5

RESPONSABILIDADE DO TOMADOR DOS SERVIÇOS

5.1 ESFERA PRIVADA

Na terceirização, *contratante* é a pessoa física ou jurídica que celebra contrato com empresa de prestação de serviços relacionados a *quaisquer de suas atividades, inclusive sua atividade principal* (art. 5º-A da Lei 6.019/1974, com redação dada pela Lei 13.467/2017).

O art. 5º-A da Lei 6.019/1974, na redação anterior, decorrente da Lei 13.429/2017, previa que contratante "é a pessoa física ou jurídica que celebra contrato com empresa de prestação de serviços determinados e específicos".

Assim, na atual redação reitera-se a previsão de que a contratante (tomadora) pode terceirizar quaisquer de suas atividades, *inclusive a sua atividade principal*, perdendo relevância a distinção entre atividades-fim e atividades-meio.

O *contrato de prestação de serviços* deve conter: qualificação das partes; especificação do serviço a ser prestado; prazo para realização do serviço, quando for o caso; valor (art. 5º-B da Lei 6.019/1974, acrescentado pela Lei 13.429/2017).

A empresa contratante (tomadora), diversamente da empresa prestadora de serviços, pode ser pessoa física ou jurídica.

Observa-se, portanto, a previsão de que a terceirização da execução de atividades da contratante (tomadora) deve dizer respeito a serviços especificados.

Como a empresa contratada presta serviços especificados, estes normalmente envolvem *serviços especializados*[1], ainda que a atividade cuja execução seja transferida possa dizer respeito à atividade principal da contratante (art. 4º-A da Lei 6.019/1974).

É vedada à contratante (tomadora) a utilização dos trabalhadores em atividades distintas daquelas que foram objeto do contrato com a empresa prestadora de serviços (art. 5º-A, § 1º, da Lei 6.019/1974).

Além disso, os serviços contratados podem ser executados nas instalações físicas da empresa contratante (como normalmente ocorre) ou em outro local, de comum acordo entre as partes (art. 5º-A, § 2º, da Lei 6.019/1974).

Torna-se possível, assim, o empregado terceirizado prestar serviço a distância, inclusive sob a forma de *teletrabalho*.

Mesmo porque não se distingue entre o trabalho realizado no estabelecimento do empregador, o

1. Cf. MANNRICH, Nelson. *A modernização do contrato de trabalho*. São Paulo: LTr, 1998. p. 117.

executado no domicílio do empregado e o realizado a distância, desde que estejam caracterizados os pressupostos da relação de emprego (art. 6º da CLT, com redação dada pela Lei 12.551/2011). Além disso, os meios telemáticos e informatizados de comando, controle e supervisão se equiparam, para fins de subordinação jurídica, aos meios pessoais e diretos de comando, controle e supervisão do trabalho alheio.

É responsabilidade da contratante (tomadora) garantir as condições de segurança, higiene e salubridade dos trabalhadores, quando o trabalho for realizado em suas dependências ou local previamente convencionado em contrato (art. 5º-A, § 3º, da Lei 6.019/1974).

Logo, se o empregado terceirizado prestar serviço no estabelecimento da empresa tomadora ou em outro local pactuado entre as partes, esta responde pela higidez do meio ambiente de trabalho, inclusive em casos de acidentes de trabalho e doenças ocupacionais.

Sendo assim, as indenizações decorrentes desses infortúnios são de responsabilidade solidária tanto da empresa prestadora de serviço, por ser empregadora, como da empresa contratante, por ter o dever de cuidar do meio ambiente de trabalho.

Nesse sentido, em conformidade com o Enunciado 44 aprovado na 1ª Jornada de Direito Material e Processual na Justiça do Trabalho (ocorrida em Brasília, 2007):

> "Responsabilidade civil. Acidente do trabalho. Terceirização. Solidariedade. Em caso de terceirização de serviços, o tomador e o prestador respondem so-

> lidariamente pelos danos causados à saúde dos trabalhadores. Inteligência dos artigos 932, III, 933 e 942, parágrafo único, do Código Civil e da Norma Regulamentadora 4 (Portaria 3.214/77 do Ministério do Trabalho e Emprego)".

A contratante *pode* estender ao trabalhador da empresa de prestação de serviços o mesmo atendimento médico, ambulatorial e de refeição destinado aos seus empregados, existente nas dependências da contratante, ou local por ela designado (art. 5º-A, § 4º, da Lei 6.019/1974).

A previsão tem caráter meramente facultativo, diversamente da determinação cogente relativa ao trabalho temporário (art. 9º, § 2º, da Lei 6.019/1974, acrescentado pela Lei 13.429/2017).

Entretanto, de acordo com o art. 4º-C da Lei 6.019/1974, incluído pela Lei 13.467/2017, são asseguradas aos empregados da empresa prestadora de serviços a que se refere o art. 4º-A da Lei 6.019/1974, *quando e enquanto os serviços*, que podem ser de qualquer uma das atividades da contratante, *forem executados nas dependências da tomadora*, as mesmas condições:

> I – relativas a:
>
> a) alimentação garantida aos empregados da contratante, quando oferecida em refeitórios;
>
> b) direito de utilizar os serviços de transporte;
>
> c) atendimento médico ou ambulatorial existente nas dependências da contratante ou local por ela designado;
>
> d) treinamento adequado, fornecido pela contratada, quando a atividade o exigir.

II – sanitárias, de medidas de proteção à saúde e de segurança no trabalho e de instalações adequadas à prestação do serviço.

Contratante e contratada *podem* estabelecer, se assim entenderem, que os empregados da contratada farão jus a salário equivalente ao pago aos empregados da contratante, além de outros direitos não previstos no art. 4º-C da Lei 6.019/1974.

Trata-se de mera faculdade no caso de terceirização, diversamente da previsão imperativa quanto ao trabalhador temporário (art. 12, *a*, da Lei 6.019/1974).

Nos contratos que impliquem mobilização de empregados da contratada (prestadora) em número igual ou superior a 20% (vinte por cento) dos empregados da contratante (tomadora), esta *pode* disponibilizar aos empregados da contratada os serviços de alimentação e atendimento ambulatorial em *outros locais apropriados e com igual padrão de atendimento*, com vistas a manter o pleno funcionamento dos serviços existentes (art. 4º-C, § 2º, da Lei 6.019/1974).

A empresa contratante (tomadora) é *subsidiariamente* responsável pelas obrigações trabalhistas referentes ao período em que ocorrer a prestação de serviços, e o recolhimento das contribuições previdenciárias deve observar o disposto no art. 31 da Lei 8.212/1991 (art. 5º-A, § 5º, da Lei 6.019/1974).

Trata-se do entendimento que já prevalecia nas hipóteses de terceirização lícita, como se observava na Súmula 331, item IV, do TST, com a seguinte redação:

> "IV - O inadimplemento das obrigações trabalhistas, por parte do empregador, implica a responsabilidade subsidiária do tomador dos serviços quanto àquelas obrigações, desde que haja participado da relação processual e conste também do título executivo judicial".

Ou seja, quem terceiriza certas atividades tem os deveres de escolher empresa prestadora de serviços idônea e de acompanhar o correto cumprimento dos preceitos trabalhistas.

Havendo o descumprimento dos direitos do empregado, o responsável principal é o empregador, no caso, a empresa prestadora de serviços. Caso esta não tenha condições patrimoniais de satisfazer esses direitos trabalhistas, o tomador passa a responder de forma subsidiária, em razão até mesmo do risco que assume por ter decidido no sentido da terceirização de suas atividades, deixando de contratar empregados para exercê-las diretamente.

Frise-se que a "responsabilização subsidiária da tomadora dos serviços pressupõe a sua participação no processo judicial, bem como a sua inclusão no título executivo judicial" (STF, Pleno, ADPF 324/DF, Rel. Min. Roberto Barroso, DJe 06.09.2019).

Como a responsabilidade é subsidiária, mas não solidária, há necessidade de cobrança, primeiramente, da empresa prestadora de serviço, por ser esta a empregadora. Se esta não tiver bens suficientes é que a empresa contratante (tomadora) passa a responder pelos direitos do empregado terceirizado, o que dificulta a celeridade e a efetividade na satisfação do crédito trabalhista.

Qualquer disposição contratual entre o tomador e a empresa prestadora, excluindo a responsabilidade subsidiária da primeira, não tem eficácia perante o trabalhador, eis que a responsabilização decorre de norma de ordem pública, cogente, e, portanto, irrevogável pela vontade das partes.

Ademais, de acordo com o que previa a Súmula 331, item VI, do TST:

> "VI - A responsabilidade subsidiária do tomador de serviços abrange todas as verbas decorrentes da condenação referentes ao período da prestação laboral".

Entende-se que a mencionada responsabilidade subsidiária do tomador abrange a integralidade das verbas trabalhistas devidas ao empregado, relativas ao período em que ocorreu a prestação do serviço.

Entretanto, por critério de lógica e justiça, se a empresa não figurava como tomadora em certo período, não há como responder subsidiariamente por verbas trabalhistas relativas a essa época que não lhe diz respeito.

Não pode figurar como contratada (prestadora), nos termos do art. 4º-A da Lei 6.019/1974, a pessoa jurídica cujos titulares ou sócios tenham, nos últimos 18 (dezoito) meses, prestado serviços à contratante na qualidade de empregado ou trabalhador sem vínculo empregatício, exceto se os referidos titulares ou sócios forem aposentados (art. 5º-C da Lei 6.019/1974, acrescentado pela Lei 13.467/2017).

Procura-se evitar a fraude por meio da chamada *pejotização*, ou seja, a contratação de empregados sob a forma de pessoa jurídica.

Entretanto, após o referido prazo de 18 (dezoito) meses, é justamente isso o que pode acabar acontecendo, gerando fraude ao vínculo de emprego, o que é vedado pelo art. 9º da CLT.

O art. 5º-D da Lei 6.019/1974, incluído pela Lei 13.467/2017, por sua vez, dispõe que o empregado que for demitido não poderá prestar serviços para esta mesma empresa na qualidade de empregado de empresa prestadora de serviços antes do decurso de prazo de 18 (dezoito) meses, contados a partir da demissão do empregado.

Trata-se, na realidade, da despedida do empregado por certa empresa, não se admitindo que ele passe a prestar serviço para esta, no referido período, mas como empregado de empresa prestadora, ou seja, como terceirizado.

Após o referido prazo, entretanto, essa substituição de empregados diretos por empregados terceirizados pode acabar acontecendo na empresa, que deixa de ser empregadora e passa a ser apenas tomadora (contratante).

5.2 ESFERA PÚBLICA

Cabe verificar, ainda, a hipótese em que o contratante (tomador) é ente da administração pública.

A respeito do tema, a Lei 8.666/1993, que dispõe sobre licitações, assim prevê:

> "Art. 71. O contratado é responsável pelos encargos trabalhistas, previdenciários, fiscais e comerciais resultantes da execução do contrato.
>
> § 1º A inadimplência do contratado, com referência aos encargos trabalhistas, fiscais e comerciais não transfere à Administração Pública a responsabilidade por seu pagamento, nem poderá onerar o objeto do contrato ou restringir a regularização e o uso das obras e edificações, inclusive perante o Registro de Imóveis (redação dada pela Lei 9.032/1995).
>
> § 2º A Administração Pública responde solidariamente com o contratado pelos encargos previdenciários resultantes da execução do contrato, nos termos do art. 31 da Lei nº 8.212, de 24 de julho de 1991 (redação dada pela Lei 9.032/1995)".

Nos casos de terceirização de serviços em que a administração pública figure como tomadora, o dispositivo legal em questão afasta a responsabilidade desta quanto aos encargos trabalhistas, mesmo nas hipóteses em que a empresa prestadora dos serviços deixa de cumpri-los.

O Supremo Tribunal Federal decidiu ser válida essa previsão legal, ao julgar procedente o pedido formulado na Ação Declaratória de Constitucionalidade 16-9/DF, tendo como objeto o art. 71, § 1º, da Lei 8.666/1993, conforme a seguinte ementa:

> "Responsabilidade contratual. Subsidiária. Contrato com a administração pública. Inadimplência negocial do outro contraente. Transferência consequente e automática dos seus encargos trabalhistas, fiscais

> e comerciais, resultantes da execução do contrato, à administração. Impossibilidade jurídica. Consequência proibida pelo art. 71, § 1º, da Lei federal nº 8.666/93. Constitucionalidade reconhecida dessa norma. Ação direta de constitucionalidade julgada, nesse sentido, procedente. Voto vencido. É constitucional a norma inscrita no art. 71, § 1º, da Lei federal nº 8.666, de 26 de junho de 1993, com a redação dada pela Lei nº 9.032, de 1995" (STF, Pleno, ADC 16/DF, Rel. Min. Cezar Peluso, DJe 09.09.2011).

O STF confirmou o referido entendimento, no sentido de ser vedada a responsabilização automática da administração pública, só cabendo a sua condenação se houver prova inequívoca de sua conduta omissiva ou comissiva na fiscalização dos contratos (Pleno, RE 760.931/DF, Red. p/ ac. Min. Luiz Fux, j. 30.03.2017).

A respeito do tema, o Supremo Tribunal Federal, em 26.04.2017, fixou a seguinte tese de repercussão geral: "O inadimplemento dos encargos trabalhistas dos empregados do contratado não transfere automaticamente ao Poder Público contratante a responsabilidade pelo seu pagamento, seja em caráter solidário ou subsidiário, nos termos do art. 71, § 1º, da Lei nº 8.666/93" (STF, Pleno, RE 760.931/DF, Red. p/ ac. Min. Luiz Fux, DJe 02.05.2017).

Tendo em vista a relevância do tema, transcreve-se a ementa do mencionado julgado:

> "Recurso extraordinário representativo de controvérsia com repercussão geral. Direito Constitucional. Direito do Trabalho. Terceirização no âmbito da administração pública. Súmula 331, IV e V, do TST. Constitucionalidade do art. 71, § 1º, da Lei nº 8.666/93. Terceirização como mecanismo essencial

para a preservação de postos de trabalho e atendimento das demandas dos cidadãos. Histórico científico. Literatura: economia e administração. Inexistência de precarização do trabalho humano. Respeito às escolhas legítimas do legislador. Precedente: ADC 16. Efeitos vinculantes. Recurso parcialmente conhecido e provido. Fixação de tese para aplicação em casos semelhantes. 1. A dicotomia entre 'atividade-fim' e 'atividade-meio' é imprecisa, artificial e ignora a dinâmica da economia moderna, caracterizada pela especialização e divisão de tarefas com vistas à maior eficiência possível, de modo que frequentemente o produto ou serviço final comercializado por uma entidade comercial é fabricado ou prestado por agente distinto, sendo também comum a mutação constante do objeto social das empresas para atender a necessidades da sociedade, como revelam as mais valiosas empresas do mundo. É que a doutrina no campo econômico é uníssona no sentido de que as 'Firmas mudaram o escopo de suas atividades, tipicamente reconcentrando em seus negócios principais e terceirizando muitas das atividades que previamente consideravam como centrais' (ROBERTS, John. *The Modern Firm*: Organizational Design for Performance and Growth. Oxford: Oxford University Press, 2007). 2. A cisão de atividades entre pessoas jurídicas distintas não revela qualquer intuito fraudulento, consubstanciando estratégia, garantida pelos artigos 1º, IV, e 170 da Constituição brasileira, de configuração das empresas, incorporada à Administração Pública por imperativo de eficiência (art. 37, *caput*, CRFB), para fazer frente às exigências dos consumidores e cidadãos em geral, justamente porque a perda de eficiência representa ameaça à sobrevivência da empresa e ao emprego dos trabalhadores. 3. Histórico científico: Ronald H. Coase, 'The Nature of The Firm', Economica (new series), Vol. 4,

Issue 16, p. 386-405, 1937. O objetivo de uma organização empresarial é o de reproduzir a distribuição de fatores sob competição atomística dentro da firma, apenas fazendo sentido a produção de um bem ou serviço internamente em sua estrutura quando os custos disso não ultrapassarem os custos de obtenção perante terceiros no mercado, estes denominados 'custos de transação', método segundo o qual firma e sociedade desfrutam de maior produção e menor desperdício. 4. A Teoria da Administração qualifica a terceirização (*outsourcing*) como modelo organizacional de desintegração vertical, destinado ao alcance de ganhos de performance por meio da transferência para outros do fornecimento de bens e serviços anteriormente providos pela própria firma, a fim de que esta se concentre somente naquelas atividades em que pode gerar o maior valor, adotando a função de 'arquiteto vertical' ou 'organizador da cadeia de valor'. 5. A terceirização apresenta os seguintes benefícios: (i) aprimoramento de tarefas pelo aprendizado especializado; (ii) economias de escala e de escopo; (iii) redução da complexidade organizacional; (iv) redução de problemas de cálculo e atribuição, facilitando a provisão de incentivos mais fortes a empregados; (v) precificação mais precisa de custos e maior transparência; (vi) estímulo à competição de fornecedores externos; (vii) maior facilidade de adaptação a necessidades de modificações estruturais; (viii) eliminação de problemas de possíveis excessos de produção; (ix) maior eficiência pelo fim de subsídios cruzados entre departamentos com desempenhos diferentes; (x) redução dos custos iniciais de entrada no mercado, facilitando o surgimento de novos concorrentes; (xi) superação de eventuais limitações de acesso a tecnologias ou matérias-primas; (xii) menor alavancagem operacional, diminuindo a exposição da companhia a riscos e oscilações de balanço, pela redução de seus custos fixos; (xiii) maior flexibilidade para adaptação ao mercado; (xiii) não comprometimento de recursos que poderiam ser utilizados em setores estratégicos; (xiv) diminuição da possibilidade de falhas de um setor se comunicarem a outros; e (xv) melhor adaptação a diferentes requerimentos de administração, *know-how* e estrutura, para setores e atividades distintas. 6. A Administração Pública, pautada pelo dever de eficiência (art. 37, *caput*, da Constituição), deve empregar as soluções de mercado adequadas à prestação de serviços de excelência à população com os recursos disponíveis, mormente quando demonstrado, pela teoria e pela prática internacional, que a terceirização não importa precarização às condições dos trabalhadores. 7. O art. 71, § 1º, da Lei nº 8.666/93, ao definir que a inadimplência do contratado, com referência aos encargos trabalhistas, não transfere à Administração Pública a responsabilidade por seu pagamento, representa legítima escolha do legislador, máxime porque a Lei nº 9.032/95 incluiu no dispositivo exceção à regra de não responsabilização com referência a encargos trabalhistas. 8. Constitucionalidade do art. 71, § 1º, da Lei nº 8.666/93 já reconhecida por esta Corte em caráter *erga omnes* e vinculante: ADC 16, Relator(a): Min. Cezar Peluso, Tribunal Pleno, julgado em 24/11/2010. 9. Recurso Extraordinário parcialmente conhecido e, na parte admitida, julgado procedente para fixar a seguinte tese para casos semelhantes: 'O inadimplemento dos encargos trabalhistas dos empregados do contratado não transfere automaticamente ao Poder Público contratante a responsabilidade pelo seu pagamento, seja em caráter solidário ou subsidiário, nos termos do art. 71, § 1º, da Lei nº 8.666/93'" (STF, Pleno, RE 760.931/DF, Red. p/ ac. Min. Luiz Fux, DJe 12.09.2017).

No mencionado julgado, sobre terceirização no âmbito da administração pública, nota-se que o STF indicou a possibilidade de terceirização mais ampla, entendendo-se como superada a distinção entre atividade-fim e atividade-meio.

A Lei 13.303/2016, que dispõe sobre o estatuto jurídico da empresa pública, da sociedade de economia mista e de suas subsidiárias, no art. 77, também prevê que o contratado é responsável pelos encargos trabalhistas, fiscais e comerciais resultantes da execução do contrato.

A inadimplência do contratado quanto aos encargos trabalhistas, fiscais e comerciais não transfere à empresa pública ou à sociedade de economia mista a responsabilidade por seu pagamento, nem pode onerar o objeto do contrato ou restringir a regularização e o uso das obras e edificações, inclusive perante o Registro de Imóveis.

Ainda assim, é possível dizer que a exclusão da responsabilidade da administração pública aplica-se quando esta cumpre as normas sobre licitações, fiscalizando o contrato administrativo firmado com a empresa prestadora dos serviços.

Nessa linha, pode-se defender que, conforme o caso concreto e as suas peculiaridades, excepcionalmente, é possível a responsabilização do ente público tomador dos serviços terceirizados, quando houver demonstração de que incorreu em dolo ou culpa na fiscalização do contrato com a empresa prestadora.

Quanto ao tema, em consonância com a Súmula 331, item V, do TST:

> "V - Os entes integrantes da Administração Pública direta e indireta respondem subsidiariamente, nas mesmas condições do item IV, caso evidenciada a sua conduta culposa no cumprimento das obrigações da Lei nº 8.666, de 21.06.1993, especialmente na fiscalização do cumprimento das obrigações contratuais e legais da prestadora de serviço como empregadora. A aludida responsabilidade não decorre de mero inadimplemento das obrigações trabalhistas assumidas pela empresa regularmente contratada".

Em se tratando de terceirização no setor público, o Tribunal Superior do Trabalho decidiu, com fundamento no *princípio da aptidão para a prova* (ao vincular o ônus da prova a quem tem melhores condições de produzi-la), que nos casos em que o prestador de serviços não cumpre suas obrigações trabalhistas, cabe ao ente público tomador dos serviços demonstrar que fiscalizou de forma adequada o contrato de prestação de serviços, para que não seja responsabilizado de forma subsidiária (TST, SBDI-I, E-RR – 925-07.2016.5.05.0281, Rel. Min. Cláudio Mascarenhas Brandão j. 12.12.2019)[2]. A respeito do tema, cf. STF, Pleno, RE 1.298.647/SP.

---

2. "Recurso de embargos em recurso de revista. Interposição na vigência da Lei nº 13.467/2017. Administração pública. Responsabilidade subsidiária. Contrato de prestação de serviços. Licitação. Decisão proferida pelo Supremo Tribunal Federal no RE nº 760.931. Tema 246 da repercussão geral. Súmula nº 331, V, do TST. *Ratio decidendi*. Ônus da prova. No julgamento do RE nº 760.931, o Supremo Tribunal Federal firmou a seguinte tese, com repercussão geral: 'O inadimplemento dos encargos trabalhistas

dos empregados do contratado não transfere automaticamente ao Poder Público contratante a responsabilidade pelo seu pagamento, seja em caráter solidário ou subsidiário, nos termos do art. 71, § 1º, da Lei nº 8.666/93'. O exame da *ratio decidendi* da mencionada decisão revela, ainda, que a ausência sistemática de fiscalização, quanto ao cumprimento das obrigações trabalhistas pela prestadora, autoriza a responsabilização do Poder Público. Após o julgamento dos embargos de declaração e tendo sido expressamente rejeitada a proposta de que fossem parcialmente acolhidos para se esclarecer que o ônus da prova desse fato pertencia ao empregado, pode-se concluir que cabe a esta Corte Superior a definição da matéria, diante de sua natureza eminentemente infraconstitucional. Nessa linha, a remansosa e antiga jurisprudência daquele Tribunal: AI 405738 AgR, Rel. Min. Ilmar Galvão, 1ª T., julg. em 12/11/2002; ARE 701091 AgR, Rel. Min. Cármen Lúcia, 2ª T., julg. em 11/09/2012; RE 783235 AgR, Rel. Min. Teori Zavascki, 2ª T., julg. em 24/06/2014; ARE 830441 AgR, Rel(a) Min. Rosa Weber, 1ª T., julg. em 02/12/2014; ARE 1224559 ED-AgR, Relator(a): Min. Dias Toffoli, Tribunal Pleno, julg. em 11/11/2019. Portanto, em sede de embargos de declaração, o Supremo Tribunal Federal deixou claro que a matéria pertinente ao ônus da prova não foi por ele definida, ao fixar o alcance do Tema 246. Permitiu, por conseguinte, que a responsabilidade subsidiária seja reconhecida, mas sempre de natureza subjetiva, ou seja, faz-se necessário verificar a existência de culpa *in vigilando*. Por esse fundamento e com base no dever ordinário de fiscalização da execução do contrato e de obrigações outras impostas à Administração Pública por diversos dispositivos da Lei nº 8.666/1993, a exemplo, especialmente, dos artigos 58, III; 67, *caput* e seu § 1º; e dos artigos 54, § 1º; 55, XIII; 58, III; 66; 67, § 1º; 77 e 78, é do Poder Público, tomador dos serviços, o ônus de demonstrar que fiscalizou de forma adequada o contrato de prestação de serviços. No caso, o Tribunal Regional consignou que os documentos juntados aos autos pelo ente público são insuficientes à prova de que houve diligência no cumprimento do dever de fiscalização, relativamente ao adimplemento das obrigações

Registre-se, ainda, a Orientação Jurisprudencial Transitória 66 da SBDI-I do TST, com a seguinte previsão:

> "SPTRANS. Responsabilidade subsidiária. Não configuração. Contrato de concessão de serviço público. Transporte coletivo. A atividade da São Paulo Transportes S/A - SPTrans de gerenciamento e fiscalização dos serviços prestados pelas concessionárias de transporte público, atividade descentralizada da Administração Pública, não se confunde com a terceirização de mão de obra, não se configurando a responsabilidade subsidiária".

A respeito da execução trabalhista em face de empresas prestadoras de serviços, ressalte-se que o Supremo Tribunal Federal fixou a seguinte tese de julgamento: "Verbas estaduais não podem ser objeto de bloqueio, penhora e/ou sequestro para pagamento de valores devidos em ações trabalhistas, ainda que as empresas reclamadas detenham créditos a receber da administração pública estadual, em virtude do disposto no art. 167, VI e X, da CF, e do princípio da separação de poderes (art. 2º da CF)" (STF, Pleno, ADPF 485/AP, Rel. Min. Roberto Barroso, j. 07.12.2020).

---

trabalhistas da empresa terceirizada. Ou seja, não se desincumbiu do ônus que lhe cabia. A Egrégia Turma, por sua vez, atribuiu ao trabalhador o ônus da prova, razão pela qual merece reforma a decisão embargada, a fim de restabelecer o acórdão regional. Recurso de embargos conhecido e provido" (TST, SBDI-I, E-RR-925-07.2016.5.05.0281, Rel. Min. Cláudio Mascarenhas Brandão, DEJT 22.05.2020).

CAPÍTULO 6

TERCEIRIZAÇÃO EM CONCESSÃO DE SERVIÇO PÚBLICO

6.1 NORMAS INCIDENTES

A Lei 8.987, de 13 de fevereiro de 1995, dispõe sobre o regime de *concessão e permissão da prestação de serviços públicos*, o qual é previsto no art. 175 da Constituição Federal de 1988, e dá outras providências[1].

Nos termos do art. 25 da Lei 8.987/1995, incumbe à concessionária a execução do serviço concedido, cabendo-lhe responder por todos os prejuízos causados ao poder concedente, aos usuários ou a terceiros, sem que a fiscalização exercida pelo órgão competente exclua ou atenue essa responsabilidade.

Sem prejuízo dessa responsabilidade, a concessionária pode contratar com terceiros o desenvolvimento de *atividades inerentes, acessórias ou complementares*

1. Cf. CAVALCANTE JUNIOR, Ophir. *A terceirização das relações laborais*. São Paulo: LTr, 1996. p. 120: "Objetivou a Lei n. 8.987/95, através dos regimes de concessão ou permissão, selecionar empresas para desenvolver serviços públicos de forma adequada visando ao pleno atendimento dos usuários, coroando, em definitivo, o programa governamental de privatização iniciado em 1994".

ao serviço concedido, bem como a implementação de projetos associados (art. 25, § 1º, da Lei 8.987/1995).

Os contratos celebrados entre a concessionária e os terceiros a que se refere o parágrafo anterior regem-se pelo Direito privado, não se estabelecendo qualquer relação jurídica entre os terceiros e o poder concedente (art. 25, § 2º, da Lei 8.987/1995).

A execução das atividades contratadas com terceiros pressupõe o cumprimento das normas regulamentares da modalidade do serviço concedido (art. 25, § 3º, da Lei 8.987/1995).

O Supremo Tribunal Federal declarou a constitucionalidade do art. 25, § 1º, da Lei 8.987/1995 (STF, Pleno, ADC 26/DF, Rel. Min. Edson Fachin, j. 23.08.2019). O mencionado dispositivo legal autoriza a terceirização de atividades por empresas concessionárias de serviço público[2].

---

2. "Ação declaratória de constitucionalidade. Legitimidade da autora. Art. 25, § 1º, da Lei 8.987/1995. Concessionárias de serviço público. Terceirização. Súmula 331 do TST. Orientação jurisprudencial firmada no julgamento da ADPF 324 e do RE 958.252 Tema 725 da repercussão geral. Proce-dência. 1. Reconhecida a legitimidade da Associação Brasileira de Distribuidores de Energia Elétrica – ABRADEE, uma vez que não há entidade que abarque toda a coletividade atingida pela norma questionada. 2. Declaração de constitucionalidade do art. 25, § 1º, da Lei nº 8.987/1995, o qual autoriza a terceirização de atividades por empresas concessionárias de serviço público. 3. Jurisprudência do STF consolidada nos julgamentos da ADPF 324, Rel. Ministro Roberto Barroso e, sob a sistemática da repercussão geral, do RE 958.252, Rel. Ministro Luiz Fux (tema 725), no sentido de reconhecer a constitucionalidade do instituto da terceirização em

A Lei 9.472, de 16 de julho de 1997, dispõe sobre a organização dos *serviços de telecomunicações*, a criação e funcionamento de um órgão regulador e outros aspectos institucionais.

Compete à União, por intermédio do órgão regulador e nos termos das políticas estabelecidas pelos Poderes Executivo e Legislativo, organizar a exploração dos serviços de telecomunicações (art. 1°).

Em consonância com o art. 94 da Lei 9.472/1997, no cumprimento de seus deveres, a concessionária pode, observadas as condições e limites estabelecidos pela Agência: empregar, na execução dos serviços, equipamentos e infraestrutura que não lhe pertençam; contratar com terceiros o desenvolvimento de *atividades inerentes, acessórias ou complementares* ao serviço, bem como a implementação de projetos associados.

Em qualquer caso, a concessionária continua sempre responsável perante a Agência e os usuários.

Serão regidas pelo Direito comum as relações da concessionária com os terceiros, que não têm direitos frente à Agência.

Apesar do exposto, anteriormente, a jurisprudência do Tribunal Superior do Trabalho entendia que, mesmo nesses casos, a terceirização de atividade-fim não seria permitida, conforme decisão a seguir indicada:

---

qualquer área da atividade econômica, afastando a incidência do enunciado sumular trabalhista. 4. Pedido julgado procedente para declarar a constitucionalidade do art. 25, § 1º, da Lei nº 8.987/1995" (STF, Pleno, ADC 26/DF, Rel. Min. Edson Fachin, DJe 09.09.2019).

"Agravo de instrumento. Recurso de revista. Terceirização ilícita. Atividade-fim. Súmula nº 331, I, do TST. 1. Consoante entendimento consolidado pela Subseção I Especializada em Dissídios Individuais do Tribunal Superior do Trabalho, a Lei Geral de Telecomunicações (Lei nº 9.472/97), ao regulamentar matéria estranha ao direito do trabalho, não possibilitou, em seu art. 94, II, a terceirização ampla e irrestrita das atividades desempenhadas pelas concessionárias de serviço de telecomunicações. 2. A terceirização de serviços ligados à atividade-fim do empregador enseja a declaração de ilicitude, conforme entendimento consubstanciado na Súmula nº 331 do TST. 3. Em observância à diretriz perfilhada na Súmula nº 331, I, do TST, impõe-se, como consequência lógica, o reconhecimento do vínculo empregatício entre o trabalhador terceirizado e a empresa tomadora de serviços. 4. Há que se manter, todavia, a responsabilidade subsidiária aplicada, de modo a evitar-se a reforma para pior, ante a ausência de impugnação, mediante recurso de revista, pelo Reclamante. 5. Agravo de instrumento de que se conhece e a que se nega provimento" (TST, 4ª T., AIRR - 301-24.2011.5.09.0021, Rel. Min. João Oreste Dalazen, DEJT 15.08.2014).

Argumentava-se que as referidas leis seriam de Direito Administrativo, voltadas à concessão de serviços públicos, e que a questão da licitude da terceirização, em si, deveria ser solucionada conforme a interpretação dos princípios e regras de Direito do Trabalho[3].

---

3. "Terceirização ilícita. Empresa de telecomunicações. *Call center*. Atividade-fim da reclamada tomadora de serviços. Interpretação dos artigos 25, § 1º, da Lei nº 8.987/95 e do artigo 94, inciso II, da Lei nº 9.472/97 e aplicação da Súmula nº 331, itens I e III, do TST. Vínculo de emprego entre a tomadora de serviços e o trabalhador terceirizado reconhecido. Inexistência de violação da súmula vinculante nº 10 do STF.

Matéria infraconstitucional. 1. O serviço de *call center* é atividade-fim - e não atividade-meio - das empresas concessionárias de serviço de telecomunicações. Assim, em observância à Súmula nº 331, itens I e III, do TST, que consagrou o entendimento de que a terceirização só se justifica quando implicar na contratação da prestação de serviços especializados por terceiros em atividades-meio, que permitam a concentração dos esforços da empresa tomadora em suas atividades precípuas e essenciais, tem-se que a terceirização desses serviços de teleatendimento pelas empresas telefônicas configura intermediação ilícita de mão de obra, devendo ser reconhecido o vínculo de emprego desses trabalhadores terceirizados diretamente com os tomadores de seus serviços. 2. Com efeito, o aumento desses serviços nos últimos anos ocorreu em razão da consolidação do Código de Defesa do Consumidor, que levou as empresas a disponibilizarem os Serviços de Atendimento do Consumidor (SAC). E, diante dessa exigência legal de manutenção de uma relação direta entre fornecedor e consumidor, o serviço de *call center* tornou-se essencial às concessionárias dos serviços de telefonia para possibilitar o necessário desenvolvimento de sua atividade, pois é por meio dessa central de atendimento telefônico que o consumidor, dentre tantas outras demandas, obtém informações, solicita e faz reclamações sobre os serviços oferecidos pela empresa. Não é possível, portanto, distinguir ou desvincular a atividade de *call center* da atividade fim da concessionária de serviços de telefonia. 3. Por outro lado, a Lei nº 8.987/95, que disciplina a atuação das empresas concessionárias e permissionárias de serviço público em geral, e a Lei nº 9.472/97, que regula as concessões e permissões no setor das telecomunicações, são normas de Direito Administrativo e, como tais, não foram promulgadas para regular matéria trabalhista e não podem ser interpretadas e aplicadas de forma literal e isolada, como se operassem em um vácuo normativo. Por isso mesmo, a questão da licitude e dos efeitos da terceirização deve ser decidida pela Justiça do Trabalho exclusivamente com base nos princípios e nas regras que norteiam o Direito do Trabalho, de forma a interpretá-las e, eventualmente, aplicá-las de modo a não esvaziar de sentido prático ou a negar vigência e eficácia às normas trabalhistas que, em nosso País, disciplinam a prestação do trabalho subordinado, com a aniquilação do próprio núcleo essencial do Direito do

Trabalho - o princípio da proteção do trabalhador, a parte hipossuficiente da relação de emprego, e as próprias figuras do empregado e do empregador. 4. Assim, não se pode mesmo, ao se interpretar o § 1º do artigo 25 da Lei nº 8.987/95 e o artigo 94, inciso II, da Lei nº 9.472/97, que tratam da possibilidade de contratar com terceiros o desenvolvimento de -atividades inerentes- ao serviço, expressão polissêmica e marcantemente imprecisa que pode ser compreendida em várias acepções, concluir pela existência de autorização legal para a terceirização de quaisquer de suas atividades-fim. Isso, em última análise, acabaria por permitir, no limite, que elas desenvolvessem sua atividade empresarial sem ter em seus quadros nenhum empregado e sim, apenas, trabalhadores terceirizados. 5. Ademais, quando os órgãos fracionários dos Tribunais trabalhistas interpretam preceitos legais como os ora examinados, não estão eles, em absoluto, infringindo o disposto na Súmula Vinculante nº 10 e, nem tampouco, violando o artigo 97 da Constituição Federal, que estabelece a cláusula de reserva de plenário para a declaração de inconstitucionalidade das leis em sede de controle difuso, pois não se estará, nesses casos, nem mesmo de forma implícita, deixando de aplicar aqueles dispositivos legais por considerá-los inconstitucionais. 6. A propósito, apesar da respeitável decisão monocrática proferida em 09/11/2010 no âmbito do Supremo Tribunal Federal, da lavra do ilustre Ministro Gilmar Mendes (Rcl 10132 MC/PR - Paraná), na qual, em juízo sumário de cognição e em caso idêntico a este, por vislumbrar a possibilidade de ter sido violada a Súmula Vinculante nº 10 daquela Corte, deferiu-se o pedido de medida liminar formulado por uma empresa concessionária dos serviços de telecomunicações para suspender, até o julgamento final da reclamação constitucional, os efeitos de acórdão proferido por uma das Turmas do TST, que adotou o entendimento de que aqueles preceitos legais não autorizam, por si sós, a terceirização de atividades-fim por essas concessionárias de serviços públicos, verifica-se que essa decisão, a despeito de sua ilustre origem, é, *data venia*, isolada. Com efeito, a pesquisa da jurisprudência daquela Suprema Corte revelou que foi proferida, mais recentemente, quase uma dezena de decisões monocráticas por vários outros Ministros do STF (Ministros Carlos Ayres Britto, Dias Toffoli, Ricardo Lewandowski, Cármen Lúcia Antunes Rocha, Joaquim Barbosa e Luiz Fux) em que, em casos idênticos ao presente, decidiu-se, ao contrário daquele primeiro precedente, não ter havido violação da Súmula Vinculante nº 10, mas mera interpretação dessas mesmas normas infraconstitucionais e nem, muito menos, violação direta (mas, se tanto, mera violação oblíqua e reflexa) de qualquer preceito constitucional pelas decisões do TST pelas quais, ao interpretarem aqueles dispositivos das Leis 8.987/95 e 9.472/97, consideraram que essas não autorizam a terceirização das atividades-fim pelas empresas concessionárias dos serviços públicos em geral e, especificamente, na área de telecomunicações, negando-se, assim, provimento aos agravos de instrumento interpostos contra as decisões denegatórias de seguimento dos recursos extraordinários daquelas empresas. 7. O entendimento aqui adotado já foi objeto de reiteradas decisões, por maioria, da mesma SBDI-1 em sua composição completa (E-ED-RR-586341-05.1999.5.18.5555, Redator designado Ministro Vieira de Mello Filho, Data de Julgamento: 29/05/2009 - DEJT de 16/10/2009; E-RR-134640-23.2008.5.03.0010, Relatora Ministra Maria de Assis Calsing, Data de Julgamento: 28/06/2011, DEJT de 10/08/2012). 8. Aliás, esse posicionamento também não foi desautorizado e nem superado pelos elementos trazidos à consideração dos Ministros do TST na Audiência Pública ocorrida no TST nos dias 04 e 05 de outubro de 2011 e convocada pela Presidência desse Tribunal, os quais foram de grande valia para a sedimentação do entendimento ora adotado. Os vastos dados estatísticos e sociológicos então apresentados corroboraram as colocações daqueles que consideram que a terceirização das atividades-fim é um fator de precarização do trabalho, caracterizando-se pelos baixos salários dos empregados terceirizados e pela redução indireta do salário dos empregados das empresas tomadoras, pela ausência de estímulo à maior produtividade dos trabalhadores terceirizados e pela divisão e desorganização dos integrantes da categoria profissional que atua no âmbito das empresas tomadoras, com a consequente pulverização da representação sindical de todos os trabalhadores interessados. 9. É importante ressaltar, por fim, que decisões como a presente não acarretam o desemprego dos trabalhadores terceirizados, pois não eliminam quaisquer postos de trabalho. Essas apenas declaram que a verdadeira empregadora desses trabalhadores de *call center* é a empresa concessionária tomadora de seus serviços que, por outro lado, continua obrigada a prestar tais

Na atualidade, admite-se a prestação de serviços a terceiros (terceirização) de *quaisquer das atividades da contratante* (tomadora), *inclusive sua atividade principal* (art. 4º-A da Lei 6.019/1974, com redação dada pela Lei 13.467/2017).

Desse modo, a terceirização passa a ser permitida de forma ampla, não apenas para as atividades-meio, mas também para as atividades-fim da contratante, o que certamente se aplica às concessionárias de serviços públicos e de serviços de telecomunicações, ao contratarem a prestação de serviços de terceiros.

A respeito do tema, o Supremo Tribunal Federal fixou a seguinte tese de repercussão geral: "É nula a decisão de órgão fracionário que se recusa a aplicar o art. 94, II, da Lei 9.472/1997, sem observar a cláusula de reserva de Plenário (CF, art. 97), observado o art. 949 do Código de Processo Civil" (STF, Pleno, ARE 791.932/DF, Rel. atual Min. Alexandre de Moraes, j. 11.10.2018).

---

serviços ao consumidor em geral - só que, a partir de agora, exclusivamente na forma da legislação trabalhista, isto é, por meio de seus próprios empregados. 10. Assim, diante da ilicitude da terceirização do serviço de *call center* prestado pela reclamante no âmbito da empresa de telecomunicações reclamada, deve ser reconhecida a existência, por todo o período laborado, de seu vínculo de emprego diretamente com a concessionária de serviços de telefonia, nos exatos moldes do item I da Súmula nº 331 do TST, com o consequente pagamento, pela verdadeira empregadora e por sua litisconsorte, coautora desse ato ilícito, de todos os direitos trabalhistas assegurados pela primeira a seus demais empregados. Embargos conhecidos e desprovidos" (TST, SBDI-I, E-ED-RR - 2938-13.2010.5.12.0016, Red. Min. José Roberto Freire Pimenta, DEJT 26.03.2013).

Conforme decidido no referido julgado do STF: "É nula a decisão de órgão fracionário que, ao negar a aplicação do inciso II, do art. 94 da Lei 9.472/1997, com base na Súmula 331/TST, e declarar ilícita a terceirização e atividade-fim, reconhece a existência de vínculo trabalhista entre a contratante e o empregado da contratada, pois exerceu controle difuso de constitucionalidade, declarando a parcial nulidade sem redução de texto do referido dispositivo em observar a cláusula de reserva de Plenário" (ARE 791.932/DF, Rel. atual Min. Alexandre de Moraes).

Além disso, ressaltou-se que: "O Plenário da Corte [ou seja, do STF] declarou parcialmente inconstitucional a Súmula 331/TST e proclamou a licitude da terceirização de toda e qualquer atividade, meio ou fim; para afirmar a inexistência de relação de emprego entre a contratante e o empregado da contratada" (ARE 791.932/DF, Rel. atual Min. Alexandre de Moraes)[4].

---

4. "Constitucional e trabalhista. Nulidade do acórdão recorrido por desrespeito a cláusula de reserva de plenário (CF, art. 97 e SV 10). Negativa parcial de vigência e eficácia ao inciso II, do art. 94 da Lei 9.472/1997 (Lei Geral de Telecomunicações) por órgão fracionário com base na Súmula 331/TST. Impossibilidade. Licitude de terceirização de toda e qualquer atividade, meio ou fim, não se configurando relação de emprego entre a contratante e o empregado da contratada (ADPF 324 e RE 958.252). Agravo conhecido. Recurso provido. 1. A inconstitucionalidade de lei ou ato normativo estatal só pode ser declarada pelo voto da maioria absoluta da totalidade dos membros do tribunal ou, onde houver, dos integrantes do respectivo órgão especial, sob pena de absoluta nulidade da decisão emanada do órgão fracionário (turma, câmara ou seção), em respeito à previsão do art. 97 da Constituição Federal. 2. A cláusula de reserva de plenário atua como

Ainda de acordo com o voto do relator: "Dessa forma, não há como se confundir a terceirização de uma das etapas do fluxo de produção com a hipótese de ilícita intermediação de mão de obra, como fez o acórdão recorrido" (STF, Pleno, ARE 791.932/DF, Rel. atual Min. Alexandre de Moraes, j. 11.10.2018)[5].

condição de eficácia jurídica da própria declaração jurisdicional de inconstitucionalidade dos atos do Poder Público, aplicando-se para todos os tribunais, via difusa, e para o Supremo Tribunal Federal, também no controle concentrado (CF, art. 97 e SV 10). 3. É nula a decisão de órgão fracionário que, ao negar a aplicação do inciso II, do art. 94 da Lei 9.472/1997, com base na Súmula 331/TST, e declarar ilícita a terceirização e atividade-fim, reconhece a existência de vínculo trabalhista entre a contratante e o empregado da contratada, pois exerceu controle difuso de constitucionalidade, declarando a parcial nulidade sem redução de texto do referido dispositivo sem observar a cláusula de reserva de Plenário. Agravo provido. 4. O Plenário da Corte declarou parcialmente inconstitucional a Súmula 331/TST e proclamou a licitude da terceirização de toda e qualquer atividade, meio ou fim; para afirmar a inexistência de relação de emprego entre a contratante e o empregado da contratada. Recurso extraordinário provido. 5. Agravo conhecido e recurso extraordinário provido para restabelecer a sentença de primeiro grau, com a fixação da seguinte tese no Tema 739: 'É nula a decisão de órgão fracionário que se recusa a aplicar o art. 94, II, da Lei 9.472/1997, sem observar a cláusula de reserva de Plenário (CF, art. 97), observado o artigo 949 do CPC'" (STF, Pleno, ARE 791.932/DF, Rel. Min. Alexandre de Moraes, DJe 06.03.2019).

5. Disponível em: <http://www.stf.jus.br/arquivo/cms/noticia Noticia Stf/anexo/ARE791932.pdf>.

CAPÍTULO 7

ENQUADRAMENTO SINDICAL NA TERCEIRIZAÇÃO

7.1 NORMAS COLETIVAS APLICÁVEIS

O enquadramento sindical no Brasil deve observar o sistema confederativo e a organização por categorias (art. 8º, incisos II, III e IV, da Constituição Federal de 1988).

Desse modo, o enquadramento sindical do empregado, em regra, decorre do setor da atividade econômica preponderante do empregador (art. 581, §§ 1º e 2º, da CLT).

A Lei 6.019/1974, com as alterações decorrentes da Lei 13.429/2017, não prevê a necessidade de serem respeitadas, no caso de terceirização, as convenções e acordos coletivos de trabalho, aplicáveis à empresa contratante (tomadora), também para os empregados da empresa prestadora de serviços.

No caso da terceirização lícita, o empregador do empregado terceirizado é a empresa prestadora de serviço, sendo esta a sua atividade econômica.

Logo, é possível concluir que o empregado da empresa prestadora de serviço não integra a categoria profissional da empresa contratante (tomadora), mas sim a categoria dos empregados de empresas de prestação de serviços[1].

---

1. Na jurisprudência, cf. o seguinte julgado: "Dissídio coletivo de natureza econômica. 1. Recurso ordinário do Ministério Público do Trabalho. 2. Recurso ordinário do sindicato dos empregados no comércio hoteleiro e similares de Mossoró. Análise conjunta. Legitimidade ativa. Cinge-se a presente controvérsia em definir se o Sindicato Suscitante - Sindicato dos Empregados no Comércio Hoteleiro e Similares de Mossoró - é parte legítima para representar os interesses dos empregados das empresas de terceirização de mão de obra, vinculadas ao Sindicato Patronal das Empresas Prestadoras de Serviço, que atuam como terceirizados nas funções de despenseiro, auxiliar de nutrição, merendeiro, camareiro, costureira, passador, garçom, cumim, copeiro, cozinheiro, auxiliar de cozinha, carregador e trabalhador em lavanderia. A Constituição da República fixa a categoria profissional como elemento referencial para a representação dos sindicatos obreiros (art. 8º, II, da CF/88). Entretanto, não concretiza, explicitamente, o conceito jurídico de categoria. No Direito brasileiro, esse conceito é dado pela CLT, em seu art. 511, § 2º (conceito de categoria profissional) e § 3º (conceito de categoria profissional diferenciada). O fenômeno da terceirização, entre as inúmeras dificuldades que traz à sua regulação civilizatória pelo Direito do Trabalho, apresenta ainda manifesto desajuste à estrutura do sistema sindical do País, fundado na ideia matriz da categoria. É que os trabalhadores terceirizados não constituem, do ponto de vista real e sob a ótica jurídica, uma categoria profissional efetiva, uma vez que não apresentam, regra geral, similitude de condições de vida oriunda da profissão ou trabalho em comum, em situação de emprego na mesma atividade econômica ou em atividades econômicas similares ou conexas, compondo a expressão social elementar compreendida como categoria profissional (art. 511, § 2º, CLT). Ora, os trabalhadores terceirizados são ofertados a distintos tomadores de serviços, muitas vezes laborando em períodos diversos e sequenciais, para empresas sumamente diferentes, às vezes integrantes de categorias econômicas sem qualquer similitude entre si. São trabalhadores dispersados pela fórmula de contratação

trabalhista a que se submetem. Revela-se, aí, um dos motivos pelos quais a terceirização é fenômeno tão prejudicial ao trabalhador. No caso, verifica-se que havia um Sindicato específico para representar os empregados de empresas de terceirização no Estado do Rio Grande do Norte, qual seja o SINDCOM/RN - Sindicato dos Empregados em Condomínios e em Empresas Prestadores de Serviço de Locação de Mão-de-Obra no Estado do Rio Grande do Norte. Todavia, na Ação Civil Pública nº 160400-45.2009.5.21.0007, determinou-se a dissolução do referido Sindicato, pois se verificou que sua criação se deu por grupo familiar e empresarial articulado, com grave fraude a direitos trabalhistas. Constatou-se que tal Sindicato era utilizado para sonegar e suprimir direitos básicos e indisponíveis dos empregados, contratuais e rescisórios. Em decorrência da dissolução do SINDCOM/RN, os trabalhadores prestadores de serviços terceirizados no Rio Grande do Norte ficaram sem representatividade sindical. Para suprir essa lacuna, o Sindicato Patronal das Empresas Prestadoras de Serviços de Mão-de-Obra do Rio Grande do Norte - SINDPREST - firmou um TAC perante o MPT, em que se definiu que 'o SINDPREST firmará acordos e convenções coletivas de trabalho com o Sindicato dos Trabalhadores em Hotéis e Restaurantes do Rio Grande do Norte quanto às atividades terceirizadas de passador, garçom, copeira, cozinheiro, auxiliar de cozinha e carregador' (Cláusula 10). Ora, tendo em conta o contexto de dissolução de um sindicato fraudulento e de celebração de um TAC perante o MPT, para suprir a lacuna remanescente de representatividade sindical, e considerando que a categoria profissional é formada por trabalhadores terceirizados, não há como se chancelar o rigor formal do entendimento do TRT, o qual, em face da inexistência de correspondência entre os ramos empresariais em que atuam os Sindicatos Suscitante e Suscitado, entendeu pela ilegitimidade do primeiro para ajuizar o presente dissídio em face do segundo, recusando a homologar o acordo firmado em juízo pelas partes. Assim, impõe-se o devido respeito ao TAC firmado perante o MPT e, por conseguinte, o reconhecimento da legitimidade do Sindicato Suscitante - Sindicato dos Empregados no Comércio Hoteleiro e Similares de Mossoró, devendo os autos retornarem ao TRT de

Com isso, em tese, não se aplicam os direitos decorrentes das normas coletivas dos empregados da empresa tomadora aos empregados das prestadoras dos serviços, gerando possível tratamento não isonômico entre trabalhadores terceirizados e contratados diretamente pela tomadora, ainda que inseridos no mesmo setor e contexto de atividade.

Fatores dessa ordem podem gerar a precarização das relações de trabalho, o enfraquecimento das relações sindicais e a redução do nível remuneratório dos empregados terceirizados.

Normalmente, quando existe um intermediário na relação jurídica, o valor que o destinatário final recebe (no caso, o empregado terceirizado) tende a ser menor, pois parte dele fica com o intermediário (empresa contratada ou prestadora de serviços).

Ainda assim, se a empresa contratante (tomadora) tiver empregados próprios e empregados terceirizados realizando as mesmas funções, em idênticas condições, estes têm direito ao mesmo nível remuneratório daqueles, com fundamento no princípio constitucional da igualdade, afastando-se a discriminação injustificada entre trabalhadores.

---

origem, para que prossiga no julgamento do feito, como entender de direito. Por oportuno, registre-se que esta SDC, em recente julgado, apreciou controvérsia idêntica, envolvendo o mesmo TAC, o mesmo sindicato da categoria econômica e a mesma categoria profissional, com diferença apenas quanto à abrangência territorial do sindicato obreiro, com decisão no sentido de afastar a ilegitimidade ativa do Sindicato obreiro para instaurar o dissídio coletivo, na forma reconhecida pelo Tribunal Regional. Recursos ordinários conhecidos e providos" (TST, SDC, RO - 18-89.2015.5.21.0000, Rel. Min. Maurício Godinho Delgado, DEJT 17.06.2016).

CAPÍTULO 8

FISCALIZAÇÃO E NORMAS ESPECIAIS

8.1 INSPEÇÃO DO TRABALHO

O descumprimento do disposto na Lei 6.019/1974 sujeita a empresa infratora ao pagamento de multa (art. 19-A, acrescentado pela Lei 13.429/2017).

A fiscalização, a autuação e o processo de imposição das multas reger-se-ão pelo Título VII da CLT, que dispõe sobre processo de multas administrativas aplicadas pela fiscalização do trabalho (arts. 626 a 642).

Quanto ao tema, em consonância com o art. 21, inciso XXIV, da Constituição Federal de 1988, compete à União organizar, manter e executar a inspeção do trabalho.

Trata-se de atividade de natureza administrativa, exercida pelo Estado, por meio dos órgãos da administração pública federal, integrantes do Ministério do Trabalho (atualmente Ministério da Economia).

Nesse sentido, o art. 626 da CLT estabelece incumbir às autoridades competentes do Ministério do

Trabalho a fiscalização do fiel cumprimento das normas de proteção ao trabalho[1].

O art. 628, *caput*, da CLT revela que a fiscalização do trabalho tem natureza de atividade administrativa vinculada, a ser exercida de acordo com o princípio da legalidade.

A inspeção federal do trabalho tem como funções não apenas sancionar as violações das normas de proteção do trabalho, como no caso das disposições previstas na Lei 6.019/1974, mas também orientar quanto ao cumprimento da legislação trabalhista, prevenir infrações e regularizar as condutas passíveis de correção[2].

O Regulamento de Inspeção do Trabalho, aprovado pelo Decreto 4.552/2002, no art. 18, estabelece a competência dos Auditores-Fiscais do Trabalho.

Os contratos em vigência, se as partes assim acordarem, podem ser adequados aos termos da Lei 6.019/1974 (art. 19-C, acrescentado pela Lei 13.429/2017).

---

1. Cf. TEIXEIRA FILHO, João de Lima. *Instituições de direito do trabalho*. 18. ed. São Paulo: LTr, 1999. v. 2. p. 1276: "A inspeção do trabalho é atividade da maior importância, já que o Estado, por seu intermédio, assegura o cumprimento das leis de proteção ao trabalhador".

2. Cf. OLIVEIRA, Francisco Antonio de. *Consolidação das Leis do Trabalho comentada*. 2. ed. São Paulo: RT, 2000. p. 520-521: "A fiscalização do trabalho tem caráter preventivo de velar pelo cumprimento da legislação que rege a espécie. Tem também atuação repressiva, quando presente o descumprimento, pela correção do ato e pela aplicação da pena pecuniária ou sanções outras, como o fechamento temporário ou mesmo definitivo do estabelecimento".

8.2 EMPRESAS DE VIGILÂNCIA

Em conformidade com o art. 19-B, acrescentado pela Lei 13.429/2017, o disposto na Lei 6.019/1974 não se aplica às empresas de vigilância e transporte de valores, permanecendo as respectivas relações de trabalho reguladas por legislação especial, e subsidiariamente pela CLT.

A respeito do tema, a Lei 7.102, de 20 de junho de 1983, dispõe sobre segurança para estabelecimentos financeiros, estabelece normas para constituição e funcionamento das empresas particulares que exploram serviços de vigilância e de transporte de valores, bem como dá outras providências.

A vigilância ostensiva e o transporte de valores devem ser executados: I - por empresa especializada contratada; *ou* II - pelo próprio estabelecimento financeiro, desde que organizado e preparado para tal fim, com pessoal próprio, aprovado em curso de formação de vigilante autorizado pelo Ministério da Justiça e cujo sistema de segurança tenha parecer favorável à sua aprovação emitido pelo Ministério da Justiça (art. 3º da Lei 7.102/1983).

Nos estabelecimentos financeiros estaduais, o serviço de vigilância ostensiva pode ser desempenhado pelas Polícias Militares, a critério do Governo da respectiva Unidade da Federação.

O vigilante é o empregado contratado para a execução das atividades de segurança privada, desenvolvidas em prestação de serviços com a finalidade de: proceder à *vigilância patrimonial* das instituições financeiras e de outros estabelecimentos, públicos ou privados, bem como a *segurança de pessoas físicas*; realizar o *transporte de valores* ou *garantir o transporte de qualquer outro tipo de carga* (arts. 10 e 15 da Lei 7.102/1983).

Frise-se que os serviços de vigilância e de transporte de valores podem ser executados por uma mesma empresa.

As empresas especializadas em prestação de serviços de segurança, vigilância e transporte de valores, constituídas sob a forma de empresas privadas, também podem exercer atividades de segurança privada: a pessoas; aos estabelecimentos comerciais, industriais, de prestação de serviços e residências; a entidades sem fins lucrativos; e órgãos e empresas públicas.

As empresas que tenham objeto econômico diverso da vigilância ostensiva e do transporte de valores, *que utilizem pessoal de quadro funcional próprio*, para execução dessas atividades, ficam obrigadas ao cumprimento do disposto na Lei 7.102/1983. Trata-se, no caso, do chamado serviço *orgânico* de segurança privada.

Como se pode notar, há previsão legal expressa no sentido da possibilidade de contratação, pela empresa tomadora, de empresa especializada em serviço de vigilância ostensiva e transporte de valores.

O serviço de vigilância, assim, é uma das hipóteses em que se admite a terceirização[3].

---

3. Cf. CAVALCANTE JUNIOR, Ophir. *A terceirização das relações laborais*. São Paulo: LTr, 1996. p. 52-53.

Nesse sentido, tendo em vista o art. 226 da CLT, segundo explicita a Súmula 257 do TST:

> "Vigilante. O vigilante, contratado diretamente por banco ou por intermédio de empresas especializadas, não é bancário".

Ainda assim, defende-se o entendimento de que a contratante (tomadora) de serviços prestados por empresas de vigilância e transporte de valores é subsidiariamente responsável pelas obrigações trabalhistas referentes ao período em que ocorrer a prestação laboral, com fundamento nas decisões do STF sobre terceirização (ADPF 324/DF e RE 958.252/MG) e na analogia (arts. 8º e 455 da CLT).

Da mesma forma, nos casos de serviços prestados por empresas de vigilância e transporte de valores, entende-se analogicamente aplicável a previsão de que é responsabilidade da contratante (tomadora) garantir as condições de segurança, higiene e salubridade dos trabalhadores, quando o trabalho for realizado em suas dependências ou local previamente convencionado em contrato.

Para o exercício da profissão, o vigilante deve preencher os seguintes requisitos: ser brasileiro; ter idade mínima de vinte e um anos; ter instrução correspondente à quarta série do primeiro grau; ter sido aprovado, em curso de formação de vigilante, realizado em estabelecimento com funcionamento autorizado nos termos da Lei 7.102/1983 (ou seja, pelo Ministério da Justiça); ter sido aprovado em exame de saúde física, mental e psicotécnico; não ter antecedentes criminais registrados; e estar quite com as obrigações eleitorais e militares (art. 16 da Lei 7.102/1983).

O vigilante deve usar uniforme somente quando em efetivo serviço.

Além disso, assegura-se ao vigilante: uniforme especial, a cargo da empresa a que se vincular; porte de arma, quando em serviço; prisão especial por ato decorrente do serviço; seguro de vida em grupo, feito pela empresa empregadora (art. 19 da Lei 7.102/1983).

Diversamente, o vigia realiza atividades mais simples, de fiscalização dos locais, não sendo regido pela Lei 7.102/1983. Não se exigem, portanto, os requisitos nela determinados, anteriormente indicados.

A respeito da diferença em exame, destaca-se o seguinte julgado:

> "Vigia e vigilante. Diferenciação. A função do vigilante se destina precipuamente a resguardar a vida e o patrimônio das pessoas, exigindo porte de arma e requisitos de treinamento específicos, nos termos da Lei nº 7.102/83, com as alterações introduzidas pela Lei nº 8.863/94, exercendo função parapolicial. Não pode ser confundida com as atividades de um simples vigia ou porteiro, as quais se destinam à proteção do patrimônio, com tarefas de fiscalização local. O vigilante é aquele empregado contratado por estabelecimentos financeiros ou por empresa especializada em prestação de serviços de vigilância e transporte de valores, o que não se coaduna com a descrição das atividades exercidas pelo autor, ou seja, de vigia desarmado, que trabalhava zelando pela segurança da reclamada de forma mais branda, não sendo necessário o porte e o manejo de arma para se safar de situações emergenciais de violência" (TRT 3ª Reg., 6ª T., RO-00329-2014-185-03-

> 00-6, Rel. Juíza Conv. Rosemary de Oliveira Pires, DEJT 14.07.2014).

Ainda assim, cabe salientar a possibilidade de se defender a aplicação do *princípio da primazia da realidade*, presente no Direito do Trabalho, para a correta configuração da condição de vigilante.

Quanto a esse aspecto, transcreve-se a seguinte decisão:

> "Vigia. Enquadramento sindical como vigilante. Ausência dos requisitos previstos na Lei nº 7.102/1983. Fraude à legislação trabalhista. Possibilidade. Prevalência da realidade fática. Discute-se, no caso, a possibilidade de enquadramento do reclamante na categoria profissional dos vigilantes, o qual fora contratado como vigia. O Regional, examinando as provas carreadas aos autos, registrou que o reclamante exercia atividades de segurança privada e vigilância ostensiva de proteção ao patrimônio da empresa, portando arma de fogo e atuando para a repressão de eventuais atividades criminosas. Segundo a Corte de origem, a reclamada submetia empregados seus, que laboravam como vigia, a curso de formação profissional na própria empresa e em outra do mesmo grupo, com o intuído de fornecer-lhes o treinamento equivalente ao exigido pela Lei nº 7.102/1983. Diante do exposto, conclui-se que, no caso dos autos, efetivamente, está-se diante de comprovada fraude à legislação trabalhista e de burla ao regulamento próprio da categoria profissional diferenciada, pois o reclamante fora contratado como vigia mas exercia, na realidade, função de vigilante, cujo regramento legal assegura direitos trabalhistas não alcançados por aqueles que laboram como vigia, aos quais não se exige o cumprimento dos requisitos insertos na Lei dos vi-

> gilantes. Dessa maneira, com espeque no princípio da primazia da realidade e da proteção ao trabalhador, não há como afastar o enquadramento do reclamante na categoria diferenciada dos vigilantes, haja vista os fatos narrados pelo Regional, os quais devem prevalecer, como forma de se resguardar os direitos do trabalhador obstados pela reclamada em franca e deliberada inobservância da legislação vigente. Salienta-se que é eminente fática a questão relativa às reais atividades desenvolvidas pelo reclamante, sendo insuscetível e apreciação por esta Corte, nos termos da Súmula nº 126 do TST. Por outro lado, impende destacar que, se o reclamante não fez o curso legalmente exigido e não foi inscrito no órgão administrativo competente, a culpa disso foi de sua empregadora que, agora, não pode se valer de sua própria torpeza ou incúria para se eximir de suas obrigações. Não podendo permitir que a reclamada, tendo se beneficiado dos serviços por ele prestados, com maior risco à sua integridade física e a de outrem, furte-se ao cumprimento das obrigações legais atinentes à função efetivamente desempenhada pelo empregado, sob seu comando. Recurso de revista não conhecido" (TST, 2ª T., RR - 21200-15.2007.5.04.0541, Rel. Min. José Roberto Freire Pimenta, DEJT 20.06.2014).

É importante registrar que o art. 193, inciso II, da CLT, acrescentado pela Lei 12.740/2012, prevê que são consideradas atividades ou operações perigosas, na forma da regulamentação aprovada pelo Ministério do Trabalho, aquelas que, por sua natureza ou métodos de trabalho, impliquem risco acentuado em virtude de exposição permanente do trabalhador a roubos ou outras espécies de violência física nas *atividades profissionais de segurança pessoal ou patrimonial.*

O trabalho em condições de periculosidade assegura ao empregado um adicional de 30% sobre o salário sem os acréscimos resultantes de gratificações, prêmios ou participações nos lucros da empresa.

Nesse contexto, a Portaria 1.885/2013 do Ministério do Trabalho aprovou o Anexo 3 da Norma Regulamentadora 16, dispondo sobre as atividades e operações perigosas com exposição a roubos ou outras espécies de violência física nas atividades profissionais de segurança pessoal ou patrimonial.

Desse modo, são considerados profissionais de segurança pessoal ou patrimonial os trabalhadores que atendam a uma das seguintes condições: a) empregados das empresas prestadoras de serviço nas atividades de segurança privada *ou* que integrem serviço orgânico de segurança privada, devidamente registradas e autorizadas pelo Ministério da Justiça, conforme Lei 7.102/1983 e suas alterações posteriores; b) empregados que exercem a atividade de segurança patrimonial ou pessoal em instalações metroviárias, ferroviárias, portuárias, rodoviárias, aeroportuárias e de bens públicos, contratados diretamente pela administração pública direta ou indireta.

As atividades ou operações que expõem os empregados a roubos ou outras espécies de violência física, desde que atendida uma das condições acima, são as seguintes: a) *vigilância patrimonial* (segurança patrimonial e/ou pessoal na preservação do patrimônio em estabelecimentos públicos ou privados e da incolumidade física de pessoas); b) *segurança de eventos* (segurança patrimonial e/ou pessoal em espaços públicos ou privados, de uso comum do povo); c) *segurança nos transportes coletivos* (segurança patrimonial e/ou pessoal nos transportes coletivos e em suas respectivas instalações); d) *segurança ambiental e florestal* (segurança patrimonial e/ou pessoal em áreas de conservação de fauna, flora natural e de reflorestamento); e) *transporte de valores* (segurança na execução do serviço de transporte de valores); f) *escolta armada* (segurança no acompanhamento de qualquer tipo de carga ou de valores); g) *segurança pessoal* (acompanhamento e proteção da integridade física de pessoa ou de grupos); h) *supervisão e fiscalização operacional* (supervisão e/ou fiscalização direta dos locais de trabalho para acompanhamento e orientação dos vigilantes); i) *telemonitoramento e telecontrole* (execução de controle e/ou monitoramento de locais, através de sistemas eletrônicos de segurança).

Nota-se, portanto, que o adicional de periculosidade em questão é devido, em essência, aos empregados que exercem a função de vigilância.

Tanto é assim que, com o fim de se evitar o enriquecimento sem causa, nos termos do art. 193, § 3º, da CLT, devem ser descontados ou compensados do referido adicional outros da mesma natureza eventualmente já concedidos ao *vigilante* por meio de acordo coletivo.

8.3 AERONAUTA

A Lei 13.475, de 28 de agosto de 2017, dispõe sobre o exercício da profissão de *tripulante de aeronave*, que é denominado aeronauta, bem como revoga a Lei 7.183/1984.

O referido diploma legal, publicado no Diário Oficial da União de 29.08.2017, regula o exercício das profissões de piloto de aeronave, comissário de voo e mecânico de voo, os quais são denominados *aeronautas* (art. 1º).

Para o desempenho das referidas profissões, o profissional deve obrigatoriamente ser detentor de licença e certificados emitidos pela autoridade de aviação civil brasileira.

A Agência Nacional de Aviação Civil (ANAC) atua como autoridade de aviação civil, tendo sido criada pela Lei 11.182/2005.

A Lei 13.475/2017 aplica-se também aos pilotos de aeronave, comissários de voo e mecânicos de voos brasileiros que exerçam suas funções a bordo de aeronave estrangeira em virtude de contrato de trabalho regido pela legislação brasileira.

Cabe destacar que o aeronauta não se confunde com o aeroviário.

Efetivamente, conforme o Decreto 1.232, de 22 de junho de 1962, é *aeroviário* o trabalhador que, não sendo aeronauta, exerce função remunerada nos serviços terrestres de empresa de transportes aéreos (art. 1º).

O *piloto de aeronave* e o *mecânico de voo*, no exercício de função específica a bordo de aeronave, de acordo com as prerrogativas da licença de que são titulares, têm a designação de *tripulante de voo* (art. 2º da Lei 13.475/2017).

O *comissário de voo*, no exercício de função específica a bordo de aeronave, de acordo com as prerrogativas da licença de que é titular, tem a designação de *tripulante de cabine* (art. 3º).

O tripulante de voo ou de cabine que se deslocar a serviço do empregador, em aeronave própria ou não, sem exercer função a bordo de aeronave, tem a designação de tripulante extra a serviço (art. 4º).

Os tripulantes de voo exercem as seguintes funções a bordo da aeronave (art. 7º da Lei 13.475/2017): comandante (piloto responsável pela operação e pela segurança da aeronave, exercendo a autoridade que a legislação lhe atribui); copiloto (piloto que auxilia o comandante na operação da aeronave); mecânico de voo (auxiliar do comandante, encarregado da operação e do controle de sistemas diversos, conforme especificação dos manuais técnicos da aeronave).

Os tripulantes de cabine, na função de comissários de voo, são auxiliares do comandante encarregados do cumprimento das normas relativas à segurança e ao atendimento dos passageiros a bordo, da guarda de bagagens, documentos, valores e malas postais e de outras tarefas que lhes tenham sido delegadas pelo comandante (art. 8º).

Tripulação é o conjunto de tripulantes de voo e de cabine que exercem função a bordo de aeronave (art. 9º da Lei 13.475/2017).

A função remunerada dos tripulantes a bordo de aeronave deve, obrigatoriamente, ser formalizada por meio de contrato de trabalho firmado *diretamente* com o operador da aeronave (art. 20 da Lei 13.475/2017).

Logo, conforme essa regra especial, não se admite a terceirização pelo operador da aeronave das atividades relativas à mencionada função dos tripulantes a bordo de aeronave.

Do mesmo modo, não é permitida a contratação dos referidos empregados pelo operador da aeronave de forma intermediada (por meio de terceiro) ou interposta, como ocorre no trabalho temporário.

Em termos gerais, passou-se a admitir a terceirização de forma ampla, ou seja, de quaisquer das atividades da tomadora, inclusive de sua atividade principal (art. 4º-A da Lei 6.019/1974, com redação dada pela Lei 13.467/2017), mas essa previsão não se aplica aos aeronautas, que são regidos por norma específica.

Sendo assim, deve-se ressaltar que a lei nova, ao estabelecer *disposições* gerais ou *especiais* a par das já existentes, não revoga nem modifica a lei anterior (art. 2º, § 2º, da Lei de Introdução às Normas do Direito Brasileiro).

Observa-se ainda certa restrição quanto ao tripulante de voo ou de cabine a respeito do exercício de labor remunerado a bordo de aeronave para outro operador que não seja o empregador, isto é, com quem não seja mantido diretamente o contrato de trabalho.

Nesse sentido, o tripulante de voo ou de cabine só pode exercer função remunerada a bordo de aeronave de um operador ao qual não esteja diretamente vinculado por contrato de trabalho quando o serviço aéreo não constituir *atividade fim*, e desde que por prazo não superior a 30 dias consecutivos, contado da data de início da prestação dos serviços. Essa prestação de serviço remunerado não pode ocorrer por mais de uma vez ao ano e deve ser formalizada por contrato escrito, sob pena de presunção de vínculo empregatício do tripulante diretamente com o operador da aeronave (art. 20, §§ 1º e 2º, da Lei 13.475/2017).

Portanto, embora a Lei 13.467/2017 tenha superado a distinção entre atividades-fim e atividades-meio, anteriormente adotada pela jurisprudência em matéria de terceirização (Súmula 331, item III, do TST, que não mais prevalece), a Lei 13.475/2017, sobre o aeronauta, parece retomar essa diferenciação, embora com finalidade diversa.

CAPÍTULO 9

EMPREITADA, SUBEMPREITADA E DONO DA OBRA

9.1 EMPREITEIRO E SUBEMPREITEIRO

Cabe examinar no presente Capítulo a posição do *dono da obra*, ao firmar contrato de empreitada, especialmente no que tange à possibilidade de sua responsabilização para fins trabalhistas.

O art. 455, *caput*, da CLT versa sobre os contratos de subempreitada, estabelecendo a responsabilidade do subempreiteiro pelas obrigações derivadas do contrato de trabalho que celebrar. Nada mais coerente, pois o subempreiteiro, como empregador, responde pelos direitos trabalhistas de seus empregados.

No entanto, o mesmo dispositivo amplia a regra de responsabilidade, ao prever o cabimento do "direito de reclamação", pelos empregados do subempreiteiro, "contra o empreiteiro principal pelo inadimplemento daquelas obrigações por parte do primeiro".

Como se nota, o empreiteiro, mesmo não sendo o empregador, responde pelo inadimplemento de obrigações trabalhistas dos empregados do subempreiteiro contratado.

Tanto é assim que o parágrafo único do art. 455 da CLT ressalva ao empreiteiro, nos termos da lei civil, ação regressiva contra o subempreiteiro e a retenção de importâncias a este devidas, para a garantia das obrigações previstas no referido dispositivo legal.

Logo, apesar da responsabilidade do empreiteiro, a lei indica que o responsável principal, na realidade, é o empregador (subempreiteiro).

Observa-se que a responsabilidade do empreiteiro é subsidiária[1], pois o parágrafo único do art. 455 da CLT, ressalva o exercício do direito de regresso pelo empreiteiro que pagar o crédito trabalhista, em face do subempreiteiro, reembolsando-se, assim, da *totalidade* do valor pago, justamente porque este é devedor e o responsável principal. A mesma norma assegura o direito de retenção de importância a este devida.

Se a hipótese fosse de responsabilidade solidária, o pagamento pelo empreiteiro apenas acarretaria o direito deste exigir, do subempreiteiro, a sua quota, presumindo-se iguais, no débito, as partes de todos os codevedores (art. 283 do Código Civil).

Como a responsabilidade do empreiteiro surge somente se houver o inadimplemento pelo subempreiteiro, o patrimônio daquele responde, para a satisfação do

---

1. Cf. MAGANO, Octavio Bueno. *Manual de direito do trabalho*: direito individual do trabalho. 3. ed. São Paulo: LTr, 1992. v. 2. p. 105; SÜSSEKIND, Arnaldo; MARANHÃO, Délio; VIANNA, Segadas; TEIXEIRA FILHO, João de Lima. *Instituições de direito do trabalho*. 18. ed. São Paulo: LTr, 1999. v. 1. p. 484; BARROS, Alice Monteiro de. *Curso de direito do trabalho*. 2. ed. São Paulo: LTr, 2006. p. 360.

crédito trabalhista, apenas na ausência de bens deste, que é o efetivo devedor e o responsável principal[2].

9.2 DONO DA OBRA

O art. 455 da CLT, ao tratar da relação do empreiteiro com subempreiteiro, não prevê a responsabilidade *automática* do dono da obra, ou seja, daquele que contratou o empreiteiro, quanto às obrigações trabalhistas pertinentes aos empregados deste último[3].

Eis a explicação para o que dispõe a Orientação Jurisprudencial 191 da SBDI-I do TST, com a seguinte redação:

> "Contrato de empreitada. Dono da obra de construção civil. Responsabilidade. Diante da inexistência de previsão legal específica, o contrato de empreitada de construção civil entre o dono da obra e o empreiteiro não enseja responsabilidade solidária ou subsidiária nas obrigações trabalhistas contraídas pelo empreiteiro, salvo sendo o dono da obra uma empresa construtora ou incorporadora".

Seguindo essa linha de entendimento, se a empresa, não sendo uma construtora nem incorporadora, apenas contrata o empreiteiro, por ser mera dona da obra, e não tomadora de serviços terceirizados propriamente, não responde automaticamente por obrigações trabalhistas pertinentes aos empregados do empreiteiro.

---

2. Cf. GARCIA, Gustavo Filipe Barbosa. *Intervenção de terceiros, litisconsórcio e integração à lide no processo do trabalho*. São Paulo: Método, 2008. p. 160-163.

3. Cf. PRUNES, José Luiz Ferreira. *Trabalho terceirizado e composição industrial*. 2. ed. Curitiba: Juruá, 2000. p. 447.

De acordo com a parte final desse verbete jurisprudencial, se o dono da obra for uma empresa construtora ou incorporadora, *a contrario sensu*, pode responder, de forma solidária ou subsidiária, pelas obrigações trabalhistas originadas de contratos de emprego mantidos pelo empreiteiro.

A ressalva se justifica porque, nesse caso, observa-se terceirização de serviço pela empresa construtora ou incorporadora, ao transferir parte de sua atividade ao empreiteiro.

Por isso, mesmo figurando como tomadora de serviço terceirizado licitamente, incide a responsabilidade subsidiária, conforme o art. 5º-A, § 5º, da Lei 6.019/1974, acrescentado pela Lei 13.429/2017.

Tratando-se de mera intermediação irregular de mão de obra, por meio de empresa interposta (fraude), forma-se o vínculo de emprego diretamente com a empresa tomadora (art. 9º da CLT), desde que, como já mencionado, não se trate de ente integrante da administração pública (Súmula 331, item II, do TST).

Mais recentemente, deve-se frisar que o Tribunal Superior do Trabalho, no julgamento de incidente de recurso de revista repetitivo, fixou as seguintes teses jurídicas a respeito do tema:

> "1. A exclusão de responsabilidade solidária ou subsidiária por obrigação trabalhista, a que se refere a Orientação Jurisprudencial nº 191 da SbDI-1 do TST, não se restringe a pessoa física ou micro e pequenas empresas. Compreende igualmente empresas de médio e grande porte e entes públicos.

> 2. A excepcional responsabilidade por obrigações trabalhistas, prevista na parte final da Orientação Jurisprudencial nº 191 da SbDI-1 do TST, por aplicação analógica do artigo 455 da CLT, alcança os casos em que o dono da obra de construção civil é construtor ou incorporador e, portanto, desenvolve a mesma atividade econômica do empreiteiro.
>
> 3. Não é compatível com a diretriz sufragada na Orientação Jurisprudencial nº 191 da SbDI-1 do TST jurisprudência de Tribunal Regional do Trabalho que amplia a responsabilidade trabalhista do dono da obra, excepcionando apenas 'a pessoa física ou micro e pequenas empresas, na forma da lei, que não exerçam atividade econômica vinculada ao objeto contratado'.
>
> 4. Exceto ente público da Administração direta e indireta, se houver inadimplemento das obrigações trabalhistas contraídas por empreiteiro que contratar, sem idoneidade econômico-financeira, o dono da obra responderá subsidiariamente por tais obrigações, em face de aplicação analógica do art. 455 da CLT e de culpa *in eligendo* (TST, SBDI-I, IRR - 190-53.2015.5.03.0090, Rel. Min. João Oreste Dalazen, DEJT 30.06.2017).
>
> 5. O entendimento contido na tese jurídica nº 4 aplica-se exclusivamente aos contratos de empreitada celebrados após 11 de maio de 2017, data do presente julgamento" (TST, SBDI-I, ED-IRR - 190-53.2015.5.03.0090, Rel. Min. João Oreste Dalazen, DEJT 19.10.2018).

O mencionado item 4 revela que o dono da obra deve responder de forma subsidiária pelo inadimplemento dos créditos trabalhistas devidos pelo empreiteiro (quanto aos seus empregados) quando ficar demonstrada a inidoneidade econômica e financeira deste, com fundamento na analogia (arts. 8º, *caput*, e 455 da CLT) e na culpa do dono da obra na escolha do referido empreiteiro.

A solidariedade não se presume, por resultar da lei ou da vontade das partes (art. 265 do Código Civil), o que também deve ser aplicado, naturalmente, à responsabilidade subsidiária.

Portanto, o mais adequado seria a mencionada responsabilidade do dono da obra decorrer de expressa previsão legislativa, respeitando-se, inclusive, o princípio da legalidade (art. 5º, inciso II, da Constituição da República).

Ademais, cabe fazer menção à Orientação Jurisprudencial 185 da SBDI-I do TST, que assim prevê:

> "Contrato de trabalho com a Associação de Pais e Mestres - APM. Inexistência de responsabilidade solidária ou subsidiária do Estado. O Estado-Membro não é responsável subsidiária ou solidariamente com a Associação de Pais e Mestres pelos encargos trabalhistas dos empregados contratados por esta última, que deverão ser suportados integral e exclusivamente pelo real empregador".

Na hipótese em questão, o Tribunal Superior do Trabalho firmou o entendimento de que a mencionada associação civil, com finalidade específica, não se equipara à empresa prestadora de serviços, não figurando o Estado-membro, portanto, como tomador de serviços terceirizados, o que afasta a sua responsabilidade subsidiária[4].

---

4. "Responsabilidade subsidiária. Estado do Rio Grande do Sul. Círculo de pais e mestres. Ilegitimidade passiva do estado. O reclamante foi contratado pelo Círculo de Pais e Mestres, entidade

Nessa linha, conforme decidido pelo TST:

> "o simples fato do reclamante executar as atividades para as quais foi contratado em estabelecimento de ensino do Estado não autoriza que a este seja imposta qualquer responsabilidade em relação aos encargos trabalhistas daí decorrentes. Cabe, isto sim, ao real empregador, ou seja, o Círculo de Pais e Mestres, suportá-los integralmente, visto que é ele quem dirige e remunera a prestação dos serviços" (TST, SBDI-I, E-RR-301.378/96.0, Rel. Min. Milton de Moura França, trecho do voto, DJU 02.06.2000).

com personalidade jurídica própria, para prestar serviços em escola pública estadual, sem qualquer ingerência do Estado. Nesse contexto, inviável a imposição a este último de qualquer responsabilidade subsidiária pelos encargos trabalhistas decorrentes da relação de emprego, que deverão ser suportados integral e exclusivamente pelo real empregador. Recurso de embargos provido" (TST, SBDI-I, E-RR-301.378/96.0, Rel. Min. Milton de Moura França, DJU 02.06.2000).

CAPÍTULO 10

CONTRATO DE FACÇÃO

10.1 CONCEITO

Nas relações empresariais, observa-se a presença cada vez mais frequente do *contrato de facção*, o qual pode ser entendido como a avença de natureza civil ou comercial, em que o contratante pactua, com terceiro, o fornecimento de produtos prontos e acabados, sem interferir na produção.

A rigor, o verdadeiro contrato de facção não tem como objetivo a prestação de serviços propriamente, nem o fornecimento de mão de obra, mas sim a aquisição de um produto.

10.2 CONSEQUÊNCIAS

Considerando o anteriormente exposto, no contrato de facção, segundo a jurisprudência majoritária, tem-se entendido que não há terceirização de serviços, o que afasta a incidência da responsabilidade do contratante, *exceto se houver a demonstração da prática de fraude* (art. 9º da CLT)[1].

1. "Agravo de instrumento em recurso de revista. Responsabilidade solidária. Contrato de facção. Descaracterização. Intermediação

Nesse sentido, cabe fazer referência aos seguintes julgados:

> "Agravo de instrumento em recurso de revista. Responsabilidade subsidiária. Contrato de facção. O contrato de facção consiste no negócio jurídico interempresarial, de natureza fundamentalmente mer-

---

ilícita de mão de obra. O contrato de facção consiste no negócio jurídico interempresarial, de natureza fundamentalmente mercantil, em que uma das partes, após o recebimento da matéria-prima, se obriga a confeccionar e fornecer os produtos acabados para ulterior comercialização pela contratante. O entendimento desta Corte Superior é no sentido de que no contrato típico de facção - desde que atenda os requisitos acima referidos, sem desvio de finalidade - não se há de falar em responsabilidade da empresa contratante pelos créditos trabalhistas dos empregados da empresa faccionária. Todavia, é possível a condenação quando se evidenciar a descaracterização dessa modalidade contratual. A exclusividade na prestação dos serviços para a empresa contratante pode ser indício de fraude, assim como a interferência na forma de trabalho dos empregados da contratada. No caso em apreço, o Tribunal Regional, soberano na apreciação do conjunto fático-probatório dos autos, registrou que a atividade da recorrente não se limitava à mera fiscalização da fabricação dos produtos encomendados e que havia ingerência sobre as demais reclamadas, nas diretrizes para implantação de plano de ação para correção de irregularidades com os padrões de saúde e segurança, observância de normas de emprego do grupo Adidas, bem como para adequações internas. Vale dizer, o quadro fático delineado no acórdão regional reflete a existência de terceirização ilícita da atividade-fim da reclamada (diante do desvirtuamento do contrato de facção), o que caracteriza burla à legislação trabalhista, nos termos do artigo 9º da CLT. Tal constatação permite, com fulcro no artigo 942 do Código Civil, a responsabilização solidária dos coautores. Precedentes. Agravo de instrumento a que se nega provimento" (TST, 7ª T., AIRR - 269-53.2013.5.03.0041, Rel. Min. Cláudio Mascarenhas Brandão, DEJT 23.05.2014).

cantil, em que uma das partes, após o recebimento da matéria-prima, se obriga a confeccionar e fornecer os produtos acabados para ulterior comercialização pela contratante. O entendimento desta Corte Superior é no sentido de que no contrato típico de facção - desde que atenda os requisitos acima referidos, sem desvio de finalidade - não se há de falar em responsabilidade subsidiária da empresa contratante pelos créditos trabalhistas dos empregados da empresa faccionária. Todavia, é possível a condenação quando se evidenciar a descaracterização dessa modalidade contratual. A exclusividade na prestação dos serviços para a empresa contratante pode ser um indício de fraude, assim como a interferência na forma de trabalho dos empregados da contratada. No caso, o Tribunal Regional, soberano na apreciação do conjunto fático-probatório dos autos, registrou que as empresas reclamadas firmaram entre si um contrato de facção limitado à compra e venda de peças de roupas, sem ingerência da empresa contratante nas atividades da empresa contratada, inexistindo exclusividade na prestação dos serviços que revele a descaracterização do contrato de facção. Assim, conclusão em sentido contrário, como pretende a reclamante, demandaria o reexame de fatos e provas, procedimento vedado nesta instância extraordinária, nos termos da Súmula nº 126 do TST. Agravo de instrumento a que se nega provimento" (TST, 7ª T., AIRR - 1463-68.2011.5.09.0663, Rel. Min. Cláudio Mascarenhas Brandão, DEJT 13.06.2014).

"Agravo de instrumento. Rito sumaríssimo. Responsabilidade subsidiária. Contrato de facção. Tratando-se de contrato de facção, e estando evidenciada a ausência de exclusividade ou ingerência na administração da prestação de serviços, não há falar em responsabilização subsidiária, ainda que haja uma fiscalização da qualidade dos produtos. Precedentes do TST" (TST, 8ª T., AIRR - 2093-59.2011.5.12.0011, Rel. Des. Conv. João Pedro Silvestrin, DEJT 13.06.2014).

"Responsabilidade subsidiária. Contrato de facção. Inaplicabilidade da Súmula nº 331, item IV, do TST. A responsabilidade subsidiária prevista na Súmula nº 331, item IV, desta Corte somente tem lugar quando se trata de terceirização lícita de mão de obra, hipótese em que deve o tomador de serviços responder em decorrência das culpas *in vigilando* e/ou *in eligendo* na contratação da empresa interposta, que se torna inadimplente quanto ao pagamento dos créditos trabalhistas devidos ao empregado. Nos contratos de facção, no entanto, não existe contratação de mão de obra, uma vez que a contratada se compromete a entregar à contratante um produto final, acabado, produzido por seus empregados, sob sua responsabilidade e controle. Assim, a 'empresa tomadora dos serviços', por não ter nenhum controle sobre a produção da contratada, isenta-se de qualquer responsabilidade pelos contratos trabalhistas firmados com os empregados da empresa de facção, os quais não estão subordinados juridicamente à contratante. No caso, o Regional consignou que não se configurou a alegada ingerência nos serviços da empresa prestadora por parte da segunda reclamada, concluindo que 'ainda que a primeira ré produzisse produtos exclusivamente em prol da segunda, essa opção ficou a cargo da própria empresa, que, a despeito da relação de dependência que criou para si, continuou a existir autonomamente, como se vê dos respectivos contratos sociais, sem sofrer qualquer tipo de ingerência por parte da segunda ré (o que, mais uma vez, não foi provado pela reclamante)'. Assim, para chegar a conclusão diversa, seria necessário o reexame do conteúdo fático dos autos, procedimento inviável nesta fase do processo, nos termos da Súmula n° 126 do TST. Inaplicável o disposto na Súmula nº 331, item IV, do TST. Agravo de instrumento desprovido" (TST, 2ª T., AIRR - 37600-18.2009.5.01.0283, Rel. Min. José Roberto Freire Pimenta, DEJT 13.06.2014).

"Recurso de revista. Contrato de facção. Inaplicabilidade da Súmula 331, IV, do TST. A jurisprudência atual desta Corte é no sentido de que não se aplica aos contratos de facção o entendimento contido na Súmula 331, IV, do TST, nas hipóteses em que haja o fornecimento de produtos por um empresário ao outro, a fim de que este deles se utilize em sua atividade produtiva e, portanto, se ausente a presença das figuras do prestador e do tomador dos serviços. As provas dos autos demonstram claramente a existência de simples relação comercial entre ambas as reclamadas, haja vista que não há nos autos nenhuma prova de fiscalização e orientação da segunda reclamada sobre as atividades desempenhadas pelo reclamante, bem como ante a inexistência de prestação exclusiva por exigência da contratante. Dessa forma, evidencia-se típico contrato de facção a afastar a responsabilidade subsidiária. Recurso de revista conhecido e provido" (TST, 7ª T., RR - 3432-80.2011.5.12.0002, Rel. Min. Delaíde Miranda Arantes, DEJT 30.05.2014).

"Contrato de facção. Responsabilidade subsidiária. Inexistência. O contrato de facção destina-se ao fornecimento de produtos por um empresário a outro, a fim de que deles se utilize em sua atividade econômica. O referido ajuste, ao contrário da terceirização a que alude a Súmula nº 331, IV, do TST, não visa à obtenção da mão de obra imprescindível à realização de atividades meio de uma das partes da avença, mas tão somente da matéria prima necessária à exploração do seu objeto social, motivo pelo qual, aquele que adquire os bens em comento não pode ser responsabilizado subsidiariamente pelos créditos trabalhistas devidos aos empregados de seu parceiro comercial. No caso dos autos, as reclamadas firmaram contrato de prestação de serviços de confecção de calçados, por meio de contrato de facção, no qual a segunda-reclamada repassava modelagem e amostras para serem confeccionadas pela primeira-reclamada, sem exclusividade, e a fiscalização operada pela segunda-reclamada se dava com vistas à observância da qualidade da produção, não se dirigindo diretamente aos empregados da linha de produção. Portanto, tal atitude não configura, por si só, ingerência, sendo perfeitamente aceitável que a empresa contratante tenha interesse no controle da qualidade dos produtos que seriam adquiridos. Assim, constata-se que a reclamante se encontrava subordinada, exclusivamente, à primeira-reclamada. Inaplicável ao caso dos autos o disposto na Súmula nº 331, IV, do TST, por inexistir terceirização de serviços na hipótese. Recurso de revista conhecido e provido" (TST, 7ª T., RR - 240-22.2010.5.04.0383, Rel. Min. Luiz Philippe Vieira de Mello Filho, DEJT 23.05.2014).

Sendo assim, tendo em vista a incidência, no Direito do Trabalho, do *princípio da primazia da realidade*, deve-se verificar, em cada caso concreto, a efetiva verdade dos fatos, e não a simples forma do negócio jurídico.

Deve-se distinguir, portanto, o verdadeiro contrato de facção, do mero fornecimento de mão de obra, bem como da terceirização de serviços.

CAPÍTULO 11

COOPERATIVAS DE TRABALHO

11.1 COOPERATIVAS DE SERVIÇO E DE PRODUÇÃO

No presente Capítulo, cabe analisar as *cooperativas de trabalho*, especialmente no âmbito da terceirização.

A respeito do tema, a Lei 8.949, de 9 de dezembro de 1994, acrescentou o parágrafo único ao art. 442 da CLT, assim estabelecendo:

> "Qualquer que seja o ramo de atividade da sociedade cooperativa, não existe vínculo empregatício entre ela e seus associados, nem entre estes e os tomadores de serviços daquela".

Esse dispositivo gerou considerável aumento de terceirizações realizadas por meio das cooperativas de trabalho[1].

Entretanto, não se pode confundir cooperativa que fornece mão de obra, e exerce atividade ilícita de intermediação de trabalhadores, com as autênticas cooperativas de produção e de serviço.

Nestas últimas, os cooperados trabalham e a cooperativa detém os meios de produção, operando a

1. Cf. NASCIMENTO, Amauri Mascaro. *Curso de direito do trabalho*. 24. ed. São Paulo: Saraiva, 2009. p. 900.

socialização da propriedade e constituindo forma de autogestão. Trata-se da verdadeira cooperativa de trabalho, abrangida pelo parágrafo único do art. 442 da CLT[2].

Como esclarece Rodrigo de Lacerda Carelli:

> "Existe cooperativa de trabalho legal? A resposta é sim. Desde que não realize fornecimento de trabalhadores para outra empresa, e que constitua uma unidade de produção, cuja organização será realizada conjuntamente pelos trabalhadores por meio da cooperativa. É justamente o caso das famosas e multicitadas espécies de cooperativismo de trabalho legal, como a de médicos, de taxistas e de artesãos, bem como aquelas autogestionárias. Nesses casos, não há intermediação de mão de obra, não há fornecimento de trabalhadores, e sim união de esforços (cooperativismo) para a prestação de serviços por parte da cooperativa para a obtenção de um objetivo comum dos associados, qual seja a melhoria das condições econômicas por intermédio da melhor organização da sociedade cooperativa. É o velho ditado: 'se separados não somos ninguém, juntos poderemos ser alguém'"[3].

O art. 90 da Lei 5.764/1971, ao tratar das sociedades cooperativas, assim estabelece:

> "Qualquer que seja o tipo de cooperativa, não existe vínculo empregatício entre ela e seus associados".

Portanto, a Lei 8.949/1994 apenas explicitou a ausência de relação de emprego entre os "associados" da cooperativa e os tomadores de serviço.

---

2. Cf. CARELLI, Rodrigo de Lacerda. *Cooperativas de mão de obra*: manual contra a fraude. São Paulo: LTr, 2002. p. 13.
3. CARELLI, Rodrigo de Lacerda. *Cooperativas de mão de obra*: manual contra a fraude. São Paulo: LTr, 2002. p. 47.

Segundo o princípio da primazia da realidade, inerente ao Direito do Trabalho, somente o verdadeiro cooperado não será considerado empregado.

Caso a cooperativa seja utilizada para encobrir a existência do contrato de trabalho, em fraude à legislação trabalhista, ocorre a nulidade de pleno direito do ato ilícito (art. 9º da CLT)[4].

O verdadeiro cooperado se beneficia de serviços prestados pela cooperativa diretamente a ele (Lei 5.764/1971, art. 4º, *caput*). Ademais, o cooperativismo autêntico viabiliza a obtenção de vantagens e resultados ao cooperado muito superiores quando comparados à atuação de forma isolada, em razão da ampla estrutura colocada à disposição de cada filiado[5].

Por isso, a verdadeira cooperativa de trabalho deve ser criada e formada por profissionais autônomos, que exerçam a mesma profissão, que unem esforços para obter vantagens ao próprio empreendimento, prestando serviços sem nenhuma intermediação nem subordinação (seja perante terceiros, seja em face da cooperativa).

Se a cooperativa, na realidade, tem como objetivo a intermediação irregular de mão de obra, havendo a prestação de serviços de forma subordinada, e não autônoma, em face do tomador, o vínculo de emprego

---

4. Cf. MARTINS, Sergio Pinto. *A terceirização e o direito do trabalho*. 3. ed. São Paulo: Malheiros, 1997. p. 86: "Não se poderá utilizar da cooperativa para substituir a mão de obra permanente ou interna da empresa, pois seu objetivo é ajudar seus associados. A cooperativa não poderá ser, portanto, intermediadora de mão de obra".
5. Cf. DELGADO, Mauricio Godinho. *Curso de direito do trabalho*. 15. ed. São Paulo: LTr, 2016. p. 350-354.

forma-se diretamente com este, por não se tratar de cooperado propriamente[6].

Não obstante, em se tratando de órgãos da administração pública direta, indireta ou fundacional que figurem como entes tomadores de serviços, não há como se reconhecer o vínculo de emprego (Súmula 331, item II, do TST), em razão da ausência de prévia aprovação em concurso público (art. 37, inciso II, e § 2º, da Constituição Federal de 1988)[7].

Cabe frisar que as cooperativas podem ter empregados (art. 91 da Lei 5.764/1971).

Logo, se os requisitos do vínculo de emprego estiverem presentes em face da própria cooperativa de trabalho, esta será, na realidade, a empregadora, podendo o ente tomador responder, de forma subsidiária, pelo inadimplemento das obrigações trabalhistas (art. 5º-A, § 5º, da Lei 6.019/1974).

11.2 ORGANIZAÇÃO E O FUNCIONAMENTO DAS COOPERATIVAS DE TRABALHO

A Lei 12.690, de 19 de julho de 2012, publicada no *Diário Oficial da União* de 20.07.2012, dispõe sobre a organização e o funcionamento das cooperativas de trabalho e institui o Programa Nacional de Fomento às Cooperativas de Trabalho (PRONACOOP).

---

6. Cf. LIMA FILHO, Francisco das C. Cooperativas de trabalho e relação de emprego. *Trabalho em Revista*: O Trabalho. Curitiba, Decisório Trabalhista, fascículo n. 45, p. 1.057, nov. 2000.

7. Cf. MARTINS, Sergio Pinto. *A terceirização e o direito do trabalho*. 3. ed. São Paulo: Malheiros, 1997. p. 128.

A cooperativa de trabalho passou a ser regulada pela mencionada Lei 12.690/2012 e, no que com ela não colidir, pelas Leis 5.764, de 16 de dezembro de 1971, e 10.406, de 10 de janeiro de 2002, Código Civil (art. 1º).

Entretanto, foram *excluídas* do âmbito da Lei 12.690/2012:

> "I - as cooperativas de assistência à saúde na forma da legislação de saúde suplementar;
>
> II - as cooperativas que atuam no setor de transporte regulamentado pelo poder público e que detenham, por si ou por seus sócios, a qualquer título, os meios de trabalho;
>
> III - as cooperativas de profissionais liberais cujos sócios exerçam as atividades em seus próprios estabelecimentos; e
>
> IV - as cooperativas de médicos cujos honorários sejam pagos por procedimento" (art. 1º, parágrafo único).

Pode-se questionar se essa exclusão não colide com o princípio da igualdade (material), no sentido de saber se existem fundamentos suficientes, que diferenciem as referidas cooperativas das demais, justificando a disciplina legal diversa (art. 5º, *caput*, da Constituição da República). De todo modo, para as cooperativas indicadas nos incisos I a IV do art. 1º, parágrafo único, são aplicáveis a Lei 5.764/1971 e o Código Civil (art. 1093 a 1096).

Considera-se cooperativa de trabalho a sociedade constituída por trabalhadores para o exercício de suas atividades laborativas ou profissionais com proveito comum, autonomia e autogestão para obterem melhor qualificação, renda, situação socioeconômica e condições gerais de trabalho (art. 2º).

Como se observa, na cooperativa de trabalho, a atividade laborativa ou profissional deve ser em proveito comum dos cooperados, bem como exercida de forma *autônoma*, por meio de *autogestão*, com o fim de se obter melhor qualificação e renda, melhor situação socioeconômica e melhoria das condições gerais de trabalho.

Como já mencionado, a rigor, para que se trate de cooperativa de trabalho, a atividade laborativa ou profissional, além de dever ser em proveito comum dos cooperados, deve exercida de forma autônoma, pelo cooperado em si (*autonomia individual*), ainda que por meio de autogestão, com o fim de se obter melhor qualificação e renda, melhor situação socioeconômica e melhoria das condições gerais de trabalho, mas, inclusive, de cada cooperado individualmente, reunido na cooperativa.

A mencionada *autonomia* da atividade laborativa ou profissional deve ser exercida de forma coletiva e coordenada, mediante a fixação, em Assembleia Geral, das regras de funcionamento da cooperativa e da forma de execução dos trabalhos, nos termos da Lei 12.690/2012 (art. 2º, § 1º).

Entretanto, pode-se dizer que o dispositivo acima acarreta risco de que essa autonomia, "exercida de forma coletiva e coordenada", na realidade, dê origem à existência de subordinação interna, dentro da própria cooperativa, desvirtuando a sua essência e os seus fins.

Conforme demonstrado anteriormente, a verdadeira cooperativa de trabalho deve ser criada e formada por profissionais autônomos, que exerçam a mesma profissão, unindo esforços para obter vantagens ao próprio empreendimento, sem nenhuma intermediação, nem subordinação (seja perante terceiros, seja em face da cooperativa).

Considera-se *autogestão* o processo democrático no qual a Assembleia Geral define as diretrizes para o funcionamento e as operações da cooperativa, e os sócios decidem sobre a forma de execução dos trabalhos, nos termos da lei (art. 2º, § 2º).

Ressalte-se que a cooperativa de trabalho deve se reger pelos seguintes princípios e valores (art. 3º):

I - adesão voluntária e livre;

II - gestão democrática;

III - participação econômica dos membros;

IV - autonomia e independência;

V - educação, formação e informação;

VI - intercooperação;

VII - interesse pela comunidade;

VIII - preservação dos direitos sociais, do valor social do trabalho e da livre iniciativa;

IX - não precarização do trabalho;

X - respeito às decisões de assembleia, observado o disposto na Lei de 2012;

XI - participação na gestão em todos os níveis de decisão de acordo com o previsto em lei e no Estatuto Social.

De acordo com o art. 4º da Lei 12.690/2012, a cooperativa de trabalho, como gênero, pode ser das seguintes espécies:

I - *de produção*, quando constituída por sócios que contribuem com trabalho para a produção em comum de bens e a cooperativa detém, a qualquer título, os meios de produção; e

II - *de serviço*, quando constituída por sócios para a prestação de serviços especializados a terceiros, sem a presença dos pressupostos da relação de emprego.

O art. 4º, parágrafo único, do Projeto de Lei 4.622/2004, assim estabelecia:

> "Considera-se serviço especializado aquele previsto em estatuto social e executado por profissional que demonstre aptidão, habilidade e técnica na sua realização".

Esse dispositivo, entretanto, foi *vetado*.

Conforme as razões do veto, o "dispositivo, tal como redigido, é impreciso, o que poderia causar insegurança quanto à sua abrangência e aplicação".

Efetivamente, a definição de "serviço especializado", prevista no Projeto de Lei, era pouco esclarecedora e poderia dar margem a diversos problemas e questionamentos, inclusive porque a sua redação não fazia menção, ao menos expressa, quanto às atividades-fim do tomador[8].

---

8. Cf. MELO, Raimundo Simão de. Cooperativas de trabalho. *Decisório Trabalhista*. Curitiba, Decisório Trabalhista, v. 27, p. 12, out. 1996: "Como o cooperativismo de trabalho é forma de terceirização, tal só pode ser implementado, quando for o caso, em atividade-meio, conforme jurisprudência cristalizada no Enunciado 331, do Tribunal Superior do Trabalho. Em outras palavras, não se pode admitir cooperativas de trabalho na atividade-fim do tomador dos serviços".

Além da cooperativa de produção, a Lei 12.690/2012 também admite a cooperativa de serviço, voltada à prestação de serviços especializados a terceiros, o que indica a possibilidade de terceirização por empresas e entes tomadores.

As fraudes trabalhistas, bem como as terceirizações que acarretam a precarização das relações de trabalho, decorrem, essencialmente, de cooperativas irregulares de serviço, que passam a atuar no lugar das empresas de prestação de serviços, as quais devem registrar os seus empregados.

De todo modo, a cooperativa de trabalho não pode ser utilizada para intermediação de mão de obra subordinada (art. 5º).

Trata-se de importante previsão, mas que já é inerente ao sistema jurídico, justamente em razão do valor social do trabalho e da dignidade da pessoa humana, de modo que o labor humano não pode ser tratado como mercadoria.

A cooperativa de trabalho pode ser constituída com número mínimo de sete sócios (art. 6º).

O art. 7º da Lei 12.690/2012 passou a garantir aos sócios das cooperativas de trabalho, embora não sendo empregados, certos direitos tipicamente trabalhistas.

Vale dizer, mesmo sendo regular a cooperativa de trabalho, isto é, mesmo não havendo fraude, determinados direitos trabalhistas são assegurados aos cooperados.

Nesse sentido, a cooperativa de trabalho deve garantir aos sócios os seguintes direitos, além de outros que a Assembleia Geral venha a instituir:

I - retiradas não inferiores ao piso da categoria profissional e, na ausência deste, não inferiores ao salário mínimo, calculadas de forma proporcional às horas trabalhadas ou às atividades desenvolvidas;

II - duração do trabalho normal não superior a 8 (oito) horas diárias e 44 (quarenta e quatro) horas semanais, exceto quando a atividade, por sua natureza, demandar a prestação de trabalho por meio de plantões ou escalas, facultada a compensação de horários;

III - repouso semanal remunerado, preferencialmente aos domingos;

IV - repouso anual remunerado;

V - retirada para o trabalho noturno superior à do diurno;

VI - adicional sobre a retirada para as atividades insalubres ou perigosas;

VII - seguro de acidente de trabalho.

Não se aplica o disposto nos incisos III e IV acima (repouso semanal remunerado e repouso anual remunerado) nos casos em que as operações entre o sócio e a cooperativa sejam *eventuais*, salvo decisão da Assembleia Geral em contrário (art. 7º, § 1º).

Com isso, não havendo prestação do labor de forma repetida e automática ao longo do tempo pelo cooperado, deixa de fazer jus ao repouso semanal remunerado (preferencialmente aos domingos) e ao repouso anual remunerado, salvo se a Assembleia Geral decidir que tais direitos devem ser garantidos. Entretanto, o mais adequado seria que tais direitos fossem assegurados, ainda que de forma proporcional, na hipótese em questão (eventualidade das operações entre o sócio e a cooperativa de trabalho).

Em se tratando de cooperativa de trabalho, formada por sócios, cabe questionar se há efetiva coerência quanto à previsão legal, ao estabelecer, aos cooperados autônomos, jornada de trabalho[9].

Há risco, assim, de que, na prática, em especial quanto às cooperativas de prestação de serviço, haja, na realidade, verdadeira relação de emprego, embora não devidamente formalizada, inclusive em face do tomador, principalmente se forem aplicadas as teorias da subordinação estrutural (inserção do trabalhador na estrutura e no objeto social da empresa) e objetiva (não se exigindo a presença de ordens pessoais e diretas pelo empregador).

De todo modo, a cooperativa de trabalho deve buscar meios, inclusive mediante provisionamento de recursos, com base em critérios que devem ser aprovados em Assembleia Geral, para assegurar os direitos previstos nos incisos I, III, IV, V, VI e VII, acima indicados, e outros que a Assembleia Geral venha a instituir (art. 7º, § 2º).

A cooperativa de trabalho, além dos fundos obrigatórios previstos em lei, pode criar, em Assembleia Geral, outros fundos, inclusive rotativos, com recursos destinados a fins específicos, fixando o modo de formação, custeio, aplicação e liquidação (art. 7º, § 3º).

A cooperativa de trabalho constituída nos termos do inciso I do *caput* do art. 4º da Lei 12.690/2012 (isto é, a *cooperativa de produção*) pode, em Assembleia Geral Extraordinária, estabelecer *carência* (isto é, a

---

9. Cf. MARTINS, Sergio Pinto. *Direito do trabalho*. 26. ed. São Paulo: Atlas, 2010. p. 191: "*o cooperado é autônomo, não tem horário de trabalho*, não sofre punições, subscreve capital, participa de sobras e de prejuízos, comparece a assembleias" (destaquei).

necessidade do preenchimento de certo prazo mínimo de adesão à cooperativa pelo sócio) na fruição dos direitos previstos nos incisos I e VII do *caput* do art. 7º, acima indicados (art. 7º, § 5º).

As atividades identificadas com o objeto social da cooperativa de trabalho prevista no inciso II do *caput* do art. 4º da Lei de 2012, isto é, da *cooperativa de serviço*, quando prestadas fora do estabelecimento da cooperativa, devem ser submetidas "a uma coordenação com mandato nunca superior a 1 (um) ano ou ao prazo estipulado para a realização dessas atividades, eleita em reunião específica pelos sócios que se disponham a realizá-las, em que serão expostos os requisitos para sua consecução, os valores contratados e a retribuição pecuniária de cada sócio partícipe" (art. 7º, § 6º).

Esse dispositivo, portanto, trata, de forma específica, das cooperativas de serviço, reiterando a autorização de prestação de serviço (especializado) fora do estabelecimento da cooperativa, ou seja, em empresa ou ente tomador. Nesse caso, a Lei 12.690/2012 determina que essas atividades de prestação de serviço devem estar submetidas a uma "coordenação", a ser realizada por um coordenador, ao que tudo indica alguém da própria cooperativa de trabalho, que tenha mandato de um ano (ou ao prazo definido para realizar a atividade de prestação do serviço). Tanto é assim que o referido "coordenador" deve ser eleito em reunião específica pelos sócios que tenham interesse em realizar as atividades de prestação de serviço, na qual também devem ser expostos os requisitos para a realização da atividade, os valores contratados e a retribuição a ser recebida pelo sócio que participar.

Entretanto, há risco de que essa "coordenação", na realidade, se torne efetiva subordinação do suposto "cooperado" (sócio) ao gestor da cooperativa, acarretando a existência de relação de emprego, tendo em vista o princípio da primazia da realidade.

Pode-se notar, aqui, certa influência da chamada *parassubordinação*, em que o trabalhador presta serviço de forma autônoma, mas mediante colaboração coordenada e contínua perante o ente tomador.

As cooperativas de trabalho devem observar as *normas de saúde e segurança do trabalho* previstas na legislação em vigor, bem como em atos normativos expedidos pelas autoridades competentes (art. 8º).

O contratante da cooperativa de trabalho prevista no inciso II do *caput* do art. 4º da Lei 12.690/2012, isto é, o contratante da cooperativa de serviço, responde *solidariamente* pelo cumprimento das normas de saúde e segurança do trabalho quando os serviços forem prestados no seu estabelecimento ou em local por ele determinado (art. 9º).

Quanto ao funcionamento, a cooperativa de trabalho pode "adotar por objeto social qualquer gênero de serviço, operação ou atividade, desde que previsto no seu Estatuto Social" (art. 10).

Nesse aspecto, nota-se que o dispositivo legal, em sua literalidade, parece indicar, de forma ampla, que o objeto social da cooperativa de trabalho pode envolver qualquer gênero de serviço, operação ou atividade, apenas exigindo a previsão no Estatuto Social.

Entretanto, na prática, há certas atividades dificilmente seriam compatíveis com a autonomia quanto à forma de prestação de serviço, a qual é exigida para a licitude da cooperativa de trabalho, em especial na cooperativa de serviço. Logo, o dispositivo pode dar margem a fraudes e desvirtuamentos, com terceirização de atividades integrantes do núcleo da atividade da empresa ou ente tomador, por intermédio de supostas cooperativas de trabalho, em prejuízo da devida formalização do vínculo de emprego[10].

É obrigatório o uso da expressão "Cooperativa de Trabalho" na denominação social da cooperativa (art. 10, § 1º).

O art. 10, § 2º, da Lei 12.690/2012, por sua vez, estabelece que a cooperativa de trabalho não pode ser impedida de participar de procedimentos de licitação pública que tenham por escopo os mesmos serviços, operações e atividades previstas em seu objeto social.

No caso de cooperativa de serviço, os supostos "sócios" ("cooperados") não são registrados, não lhes sendo assegurados todos os direitos trabalhistas. Tendo em vista a consequente redução de custos, é possível ocorrer favorecimento e concorrência desleal, em prejuízo das empresas de prestação de serviço, que forem idôneas, e que registram os seus empregados, os quais,

---

10. Cf. SOUTO MAIOR, Jorge Luiz. Ainda as cooperativas de trabalho! *Trabalho em Revista*: O Trabalho. Curitiba, Decisório Trabalhista, fascículo n. 60, p. 1.424, fev. 2002: "a regra que prevalece em nosso ordenamento, pelo menos por enquanto, isto é, enquanto não se tiver a coragem de revogar, expressamente, todo o aparato constitucional e legal de proteção do trabalhador, é a de que a venda da força de trabalho de forma não eventual, subordinada e remunerada gera a relação de emprego, incidindo sobre ela todos aqueles preceitos, institutos e princípios, que compõem o ramo jurídico que se denominou, direito do trabalho, que possui, cabe lembrar, a importante função de inibir a exploração humana pelo capital, não se podendo negar tal papel ao direito do trabalho, vez que a realidade de um mundo capitalista sem o direito do trabalho todos conhecemos e, em sã consciência, não desejamos que se repita".

assim, passam a ter todos os direitos trabalhistas assegurados.

Essa situação, além de poder acarretar a precarização das relações de trabalho, em afronta ao art. 7º, *caput*, da Constituição Federal de 1988, pode gerar violação ao princípio da igualdade, em razão do tratamento privilegiado das cooperativas de prestação de serviço, no caso, em licitações públicas.

A admissão de sócios na cooperativa está limitada consoante as possibilidades de reunião, abrangência das operações, controle e prestação de serviços e congruente com o objeto estatuído (art. 10, § 3º).

Para o cumprimento dos seus objetivos sociais, o sócio pode exercer qualquer atividade da cooperativa, conforme deliberado em Assembleia Geral (art. 10, § 4º).

Além da realização da Assembleia Geral Ordinária e Extraordinária para deliberar nos termos dos e sobre os assuntos previstos na Lei 5.764/1971, e no Estatuto Social, a cooperativa de trabalho deve realizar anualmente, no mínimo, mais uma Assembleia Geral Especial para deliberar, entre outros assuntos especificados no edital de convocação, sobre gestão da cooperativa, disciplina, direitos e deveres dos sócios, planejamento e resultado econômico dos projetos e contratos firmados e organização do trabalho (art. 11).

O destino das sobras líquidas ou o rateio dos prejuízos deve ser decidido em Assembleia Geral Ordinária (art. 11, § 1º).

As cooperativas de trabalho devem estabelecer, em Estatuto Social ou Regimento Interno, incentivos à participação efetiva dos sócios na Assembleia Geral e eventuais sanções em caso de ausências injustificadas (art. 11, § 2º).

O *quorum* mínimo de instalação das Assembleias Gerais será de: 2/3 do número de sócios, em primeira convocação; metade mais um dos sócios, em segunda convocação; 50 sócios ou, no mínimo, 20% do total de sócios, prevalecendo o menor número, em terceira convocação, exigida a presença de, no mínimo, quatro sócios para as cooperativas que possuam até 19 sócios matriculados (art. 11, § 3º).

As decisões das assembleias devem ser consideradas válidas quando contarem com a aprovação da maioria absoluta dos sócios presentes (art. 11, § 4º). Comprovada fraude ou vício nas decisões das assembleias, serão elas nulas de pleno direito, aplicando-se, conforme o caso, a legislação civil e penal (art. 11, § 5º).

A Assembleia Geral Especial de que trata o art. 11, *caput*, da Lei 12.690/2012, deve ser realizada no segundo semestre do ano (art. 11, § 6º).

A notificação dos sócios para participação das assembleias deve ser pessoal e ocorrer com antecedência mínima de 10 dias de sua realização (art. 12).

Na impossibilidade de notificação pessoal, a notificação deve se dar por via postal, respeitada a antecedência prevista no *caput* do art. 12, isto é, de 10 dias. Na impossibilidade de realização das notificações pessoal e postal, os sócios devem ser notificados mediante edital afixado na sede e em outros locais previstos nos estatutos e publicado em jornal de grande circulação na região da sede da cooperativa ou na região onde ela exerça suas atividades, respeitada a antecedência prevista no *caput* do art. 12, acima indicado (art. 12, §§ 1º e 2º).

É vedado à cooperativa de trabalho distribuir verbas de qualquer natureza entre os sócios, exceto a retirada devida em razão do exercício de sua atividade como sócio ou retribuição por conta de reembolso de despesas comprovadamente realizadas em proveito da cooperativa (art. 13).

A cooperativa de trabalho deve deliberar, anualmente, na Assembleia Geral Ordinária, sobre a adoção ou não de diferentes faixas de retirada dos sócios (art. 14). No caso de fixação de faixas de retirada, a diferença entre as de maior e as de menor valor deve ser fixada na Assembleia (art. 14, parágrafo único).

Pode-se dizer que a eventual deliberação relativa à adoção de diferentes faixas de retirada de sócios deve ser objeto de justificado e lógico fundamento.

O Conselho de Administração deve ser composto por, no mínimo, três sócios, eleitos pela Assembleia Geral, para um prazo de gestão não superior a quatro anos, sendo obrigatória a renovação de, no mínimo, 1/3 do colegiado, ressalvada a hipótese do art. 16 da Lei 12.690/2012 (art. 15).

Essa obrigatoriedade de renovação quanto à composição do Conselho de Administração é essencial para a preservação dos princípios e valores do cooperativismo, em especial a gestão democrática (art. 3º, inciso II, da Lei 12.690/2012). Sendo assim, há risco de que a ressalva prevista na parte final do art. 15, na prática, dê margem a desvirtuamentos, com a "perpetuação" de lideranças na gestão da cooperativa, em prejuízo de sua autonomia e independência (art. 3º, inciso IV, da Lei 12.690/2012).

A cooperativa de trabalho constituída por até 19 sócios pode estabelecer, em Estatuto Social, composição para o Conselho de Administração e para o Conselho Fiscal distinta da prevista na Lei 12.690/2012 e no art. 56

da Lei 5.764/1971[11], assegurados, no mínimo, três conselheiros fiscais (art. 16).

Cabe ao Ministério do Trabalho (atualmente Ministério da Economia), no âmbito de sua competência, a fiscalização do cumprimento do disposto na Lei 12.690/2012 (art. 17).

A Cooperativa de Trabalho que intermediar mão de obra subordinada e os contratantes de seus serviços estarão sujeitos à multa de R$ 500,00 por trabalhador prejudicado, dobrada na reincidência, a ser revertida em favor do Fundo de Amparo ao Trabalhador - FAT (art. 17, § 1º).

Presumir-se-á intermediação de mão de obra subordinada a relação contratual estabelecida entre a empresa contratante e as cooperativas de trabalho que não cumprirem o disposto no § 6º do art. 7º da mencionada Lei (art. 17, § 2º).

Como já mencionado, as atividades identificadas com o objeto social da cooperativa de trabalho prevista no inciso II do *caput* do art. 4º da Lei 12.690/2012 (isto é, *cooperativa de serviço*), quando prestadas fora do estabelecimento da cooperativa, devem ser submetidas a

---

11. "Art. 56. A administração da sociedade será fiscalizada, assídua e minuciosamente, por um Conselho Fiscal, constituído de 3 (três) membros efetivos e 3 (três) suplentes, todos associados eleitos anualmente pela Assembleia Geral, sendo permitida apenas a reeleição de 1/3 (um terço) dos seus componentes. § 1º Não podem fazer parte do Conselho Fiscal, além dos inelegíveis enumerados no artigo 51, os parentes dos diretores até o 2° (segundo) grau, em linha reta ou colateral, bem como os parentes entre si até esse grau. § 2º O associado não pode exercer cumulativamente cargos nos órgãos de administração e de fiscalização".

uma "coordenação com mandato nunca superior a um ano" (ou ao prazo estipulado para a realização dessas atividades), eleita em reunião específica pelos sócios que se disponham a realizá-las, em que serão expostos os requisitos para sua consecução, os valores contratados e a retribuição pecuniária de cada sócio partícipe.

Se essa determinação do art. 7º, § 6º, da Lei 12.690/2012, não for observada, presume-se que se trata de intermediação de mão de obra subordinada, formando-se o vínculo de emprego diretamente em face da empresa ou ente contratante (tomador do serviço).

As penalidades devem ser aplicadas pela autoridade competente do Ministério do Trabalho (atualmente Ministério da Economia), de acordo com o estabelecido no Título VII da Consolidação das Leis do Trabalho (art. 17, § 3º).

A constituição ou utilização de cooperativa de trabalho para fraudar deliberadamente a legislação trabalhista, previdenciária e o disposto na Lei de 2012 acarretará aos responsáveis as sanções penais, cíveis e administrativas cabíveis, sem prejuízo da ação judicial visando à dissolução da cooperativa (art. 18).

Fica inelegível para qualquer cargo em cooperativa de trabalho, pelo período de até cinco anos, contado a partir da sentença transitada em julgado, o sócio, dirigente ou o administrador condenado pela prática das fraudes elencadas no *caput* do art. 18 da Lei 12.690/2012 (art. 18, § 2º).

11.3 PROGRAMA NACIONAL DE FOMENTO ÀS COOPERATIVAS DE TRABALHO

A Lei 12.690/2012, no art. 19, institui, no âmbito do Ministério do Trabalho, o Programa Nacional de

Fomento às Cooperativas de Trabalho (PRONACOOP), com a finalidade de promover o desenvolvimento e a melhoria do desempenho econômico e social da cooperativa de trabalho.

O referido Programa Nacional de Fomento às Cooperativas de Trabalho (Pronacoop) tem como finalidade apoiar (art. 19, parágrafo único):

I - a produção de diagnóstico e plano de desenvolvimento institucional para as cooperativas de trabalho dele participantes;

II - a realização de acompanhamento técnico visando ao fortalecimento financeiro, de gestão, de organização do processo produtivo ou de trabalho, bem como à qualificação dos recursos humanos;

III - a viabilização de linhas de crédito;

IV - o acesso a mercados e à comercialização da produção;

V - o fortalecimento institucional, a educação cooperativista e a constituição de cooperativas centrais, federações e confederações de cooperativas;

VI - outras ações que venham a ser definidas por seu Comitê Gestor no cumprimento da finalidade estabelecida no *caput* do art. 19 acima, isto é, promover o desenvolvimento e a melhoria do desempenho econômico e social da cooperativa de trabalho.

A Lei 12.690/2012, no art. 20, cria o Comitê Gestor do Pronacoop, com as seguintes atribuições: acompanhar a implementação das ações previstas no diploma legal em questão; estabelecer as diretrizes e metas para o Pronacoop; definir as normas operacionais para o Pronacoop; propor o orçamento anual do Pronacoop.

O Comitê Gestor deve ter composição paritária entre o governo e entidades representativas do cooperativismo de trabalho. O número de membros, a organização e o funcionamento do Comitê Gestor devem ser estabelecidos em regulamento (art. 20, §§ 1º e 2º).

O Ministério do Trabalho pode celebrar convênios, acordos, ajustes e outros instrumentos que objetivem a cooperação técnico-científica com órgãos do setor público e entidades privadas sem fins lucrativos, no âmbito do Pronacoop (art. 21).

As despesas decorrentes da implementação do Pronacoop devem correr à conta das dotações orçamentárias consignadas anualmente ao Ministério do Trabalho (art. 22).

Os recursos destinados às linhas de crédito do Pronacoop devem ser provenientes: do Fundo de Amparo ao Trabalhador (FAT); de recursos orçamentários da União; e de outros recursos que venham a ser alocados pelo poder público (art. 23).

O Conselho Deliberativo do Fundo de Amparo ao Trabalhador (CODEFAT) definirá as diretrizes para a aplicação, no âmbito do Pronacoop, dos recursos oriundos do Fundo de Amparo ao Trabalhador – FAT (art. 23, parágrafo único).

As instituições financeiras autorizadas a operar com os recursos do Pronacoop poderão realizar operações de crédito destinadas a empreendimentos inscritos no Programa sem a exigência de garantias reais, que poderão ser substituídas por garantias alternativas, observadas as condições estabelecidas em regulamento (art. 24).

A Lei 12.690/2012, no art. 26, institui a Relação Anual de Informações das Cooperativas de Trabalho (RAICT), a ser preenchida pelas Cooperativas de Trabalho, anualmente, com informações relativas ao ano-base anterior.

Cabe ao Poder Executivo regulamentar o modelo de formulário da RAICT, os critérios para entrega das informações e as responsabilidades institucionais sobre a coleta, processamento, acesso e divulgação das informações (art. 26, parágrafo único).

A cooperativa de trabalho constituída antes da vigência da Lei 12.690/2012 teve o prazo de 12 meses, contado de sua publicação, para adequar seus estatutos às disposições nela previstas (art. 27).

A cooperativa de trabalho mencionada no inciso II do *caput* do art. 4º da Lei 12.690/2012 (*cooperativa de serviço*), constituída antes da vigência da Lei (art. 23), teve o prazo de 12 meses, contado de sua publicação (20.07.2012), para assegurar aos sócios as garantias previstas nos incisos I, IV, V, VI e VII do *caput* do art. 7º da Lei 12.690 (isto é: retiradas não inferiores ao piso da categoria profissional e, na ausência deste, não inferiores ao salário mínimo, calculadas de forma proporcional às horas trabalhadas ou às atividades desenvolvidas; repouso anual remunerado; retirada para o trabalho noturno superior à do diurno; adicional sobre a retirada para as atividades insalubres ou perigosas; seguro de acidente de trabalho), conforme deliberado em Assembleia Geral (art. 28).

Na realidade, pode-se dizer que o legislador deveria, em sintonia com os princípios e mandamentos constitucionais (art. 7º da Constituição da República), fomentar a formalização da *relação de emprego*, a qual constitui o *núcleo do Direito do Trabalho*, considerado verdadeira conquista histórica, essencial à humanidade, ao tornar possível a melhoria das condições sociais e a preservação da dignidade da pessoa humana do trabalhador, bem como o ramo do Direito apto a tornar viável a própria manutenção do sistema capitalista, com o necessário respeito dos direitos fundamentais e sociais.

Não obstante, apesar de constar, *formalmente*, no art. 4º, incisos VIII e IX, que a cooperativa de trabalho rege-se pelos princípios e valores da "preservação dos direitos sociais, do valor social do trabalho e da livre iniciativa" e da "não precarização do trabalho", o que se nota é o forte incentivo, pela lei, de formas precárias de trabalho humano, uma vez que *sem a garantia plena de todos os direitos inerentes à relação de emprego*, com o fomento e a abertura para a ampla e intensa prestação de serviços por cooperativas de trabalho, sem indicar, de forma clara e adequada, o que são serviços especializados, nem vedar, de forma expressa, a terceirização de atividade fim, autorizando, ademais, que as cooperativas de trabalho adotem qualquer objeto social (art. 10).

Isso pode acarretar o aumento substancial de relações triangulares de trabalho, mas sem a formalização de vínculo de emprego, por se tratar de prestação de serviços por cooperativas de trabalho, inclusive mediante a "coordenação" dos supostos "sócios" (cooperados) por um gestor que, embora eleito (art. 7º, § 6º), na prática, pode significar a existência de subordinação (inclusive em sua atual vertente estrutural) e o exercício do poder de direção, inerentes ao contrato de emprego. O resultado, com isso, pode ser o retrocesso social, em prejuízo das garantias constitucionais do trabalho digno e da efetividade dos direitos sociais e fundamentais trabalhistas.

A própria norma legal, de certo modo, acaba indicando o caminho para a não incidência do Direito do Trabalho, ao adotar a suposta diferença entre trabalhadores subordinados (empregados) e trabalhadores autônomos "coordenados" (cooperados), algo que, na prática, nem sempre será possível distinguir com clareza.

Além da consequente insegurança jurídica e da mencionada precarização, corre-se o risco de se criar uma cisão dentro da própria classe trabalhadora, opondo trabalhadores autônomos "coordenados" (cooperados), titulares de alguns poucos direitos, e empregados (subordinados).

A relação de emprego, como núcleo do Direito do Trabalho, com isso, seria atingida, com possíveis consequências também quanto ao enfraquecimento da consciência de classe e da organização coletiva dos trabalhadores.

De forma crítica, o atento exame da Lei 12.690/2012 revela que, apesar de certos dispositivos adequados (como o art. 5º, que proíbe a utilização da cooperativa de trabalho para intermediação de mão de obra subordinada), tudo indica ter havido a aplicação de teorias como a da "parassubordinação" (envolvendo o trabalhador autônomo "coordenado", "economicamente dependente"), mas com a presença de *cooperativa de prestação de serviço* (art. 7º, § 6º), que pode ser de qualquer gênero (art. 10, *caput*), sendo a suposta autonomia do sócio cooperado definida de forma coletiva, em Assembleia Geral (art. 2º, § 1º), afastando-se do verdadeiro conceito de autonomia, no sentido de exercício do trabalho de modo independente e por conta própria.

CAPÍTULO 12

CONCLUSÃO

A terceirização é fenômeno observado cada vez mais frequentemente, tendo como principais objetivos alcançar maior eficiência, produtividade e competitividade da empresa, bem como diminuir os custos operacionais da atividade econômica, aspectos estes cada vez mais almejados em tempos de globalização.

Terceirização envolve a prestação de serviços a terceiros.

Os serviços prestados pela empresa contratada devem ser especificados e quem contrata esses serviços é a tomadora.

Não se confunde com intermediação de mão de obra, pois na terceirização ocorre a transferência da execução de atividades do tomador de serviços, as quais passam a ser exercidas por empresas prestadoras de serviços.

Salvo em hipóteses como de trabalho temporário (Lei 6.019/1974), a intermediação de mão de obra é proibida, pois o trabalho humano não pode ser tratado como mercadoria.

A terceirização de serviços, apesar de já fazer parte da realidade econômica e empresarial contemporânea, não deveria ser admitida sem adequada delimitação, por alterar o padrão normativo do contrato de trabalho, caracterizado pela bilateralidade do vínculo entre empregado e empregador, em que o primeiro presta serviços diretamente ao segundo, a quem está juridicamente subordinado.

Cabe ao ordenamento jurídico, assim, disciplinar as questões envolvidas na terceirização, exercida com fundamento na livre iniciativa, tendo em vista a necessidade de proteção da relação de emprego (art. 7º da Constituição da República), preservando-se o valor constitucional do trabalho (arts. 1º, inciso IV, 170, *caput*, da Constituição Federal de 1988), em respeito ao princípio da dignidade da pessoa humana (art. 1º, inciso III, da Constituição da República).

A matéria relativa à terceirização foi inicialmente prevista no Enunciado 256 do Tribunal Superior do Trabalho, o qual foi substituído pela Súmula 331.

Posteriormente, a Lei 13.429/2017 modificou a Lei 6.019/1974, de modo que esta passou a disciplinar tanto o trabalho temporário como a terceirização.

A terceirização insere a figura do tomador dos serviços (contratante), o que torna a relação mais complexa, ou seja, de conotação triangular. Como consequência, ainda que o trabalhador preste serviços ao tomador, o vínculo de emprego é mantido com a empresa prestadora.

Nesse enfoque, embora a questão sempre gerasse intensa polêmica, entendia-se que seria coerente a limitação da terceirização às atividades acessórias ou periféricas do tomador dos serviços.

Diversamente, as atividades que integram o núcleo ou a essência da atividade empresarial, em princípio, deveriam ser objeto de serviços prestados por empregados contratados diretamente pelo empregador, como é a regra do vínculo de emprego de natureza contratual e bilateral.

A terceirização ampla de todas e quaisquer atividades, inclusive das chamadas atividades-fim, poderia afetar a harmonia e a coerência do sistema jurídico, desfigurando os alicerces do Direito do Trabalho, o qual, como conquista histórica fundamental da civilização, é essencial à preservação da dignidade humana e à concretização dos objetivos do Estado Democrático de Direito.

Seria adequada, assim, a delimitação da terceirização apenas às atividades de suporte, ou seja, periféricas do tomador dos serviços.

Entretanto, com a Lei 13.467/2017, passou a ser expressamente admitida a terceirização de forma ampla, ou seja, de quaisquer das atividades da contratante (tomadora), inclusive de sua atividade principal.

Logo, ficou superada a diferenciação entre atividades-fim e atividades-meio.

O trabalho temporário também é admitido em atividades-meio e atividades-fim da empresa tomadora.

Com a terceirização ampla e a consequente pulverização das atividades empresariais a diversas empresas prestadoras de serviços, há possibilidade de ocorrer fragmentação social dos trabalhadores, gerando o enfraquecimento do movimento sindical.

Ainda assim, a terceirização, por não ser fornecimento de mão de obra, deve dizer respeito à prestação de *serviços*, mesmo que se trate de transferência da execução de quaisquer das atividades da contratante, inclusive sua atividade principal.

BIBLIOGRAFIA

B

BARROS, Alice Monteiro de. *Curso de direito do trabalho*. 2. ed. São Paulo: LTr, 2006.

C

CARELLI, Rodrigo de Lacerda. *Cooperativas de mão de obra*: manual contra a fraude. São Paulo: LTr, 2002.

CARELLI, Rodrigo de Lacerda. *Formas atípicas de trabalho*. São Paulo: LTr, 2004.

CASSAR, Vólia Bomfim. Breves comentários à Lei 13.429/17 que altera a redação da Lei 6.019/74. *GEN Jurídico*, 03 de abril de 2017. Disponível em: <http://genjuridico.com.br/2017/04/03/breves-comentarios-lei-13-42917-que-altera-redacao-da-lei-6-01974/>. Acesso em: 07 abr. 2017.

CAVALCANTE JUNIOR, Ophir. *A terceirização das relações laborais*. São Paulo: LTr, 1996.

D

DELGADO, Mauricio Godinho. *Curso de direito do trabalho*. 15. ed. São Paulo: LTr, 2016.

DELGADO, Mauricio Godinho. *Introdução ao direito do trabalho*. 2. ed. São Paulo: LTr, 1999.

DI PIETRO, Maria Sylvia Zanella. *Direito administrativo*. 19. ed. São Paulo: Atlas, 2006.

G

GARCIA, Gustavo Filipe Barbosa. *Curso de direito do trabalho*. 11. ed. Rio de Janeiro: Forense, 2017.

GARCIA, Gustavo Filipe Barbosa. *Intervenção de terceiros, litisconsórcio e integração à lide no processo do trabalho*. São Paulo: Método, 2008.

H

HOUAISS, Antônio; VILLAR, Mauro de Salles. *Dicionário Houaiss da Língua Portuguesa*. Rio de Janeiro: Objetiva, 2001.

J

JOÃO, Paulo Sergio. O que muda com o projeto de lei sobre trabalho temporário e terceirização. *Consultor Jurídico*, 24 de março de 2017. Disponível em: <http://www.conjur.com.br/2017-mar-24/reflexoes-trabalhistas-muda-pl-trabalho-temporario-terceirizacao>. Acesso em: 07 abr. 2017.

L

LIMA FILHO, Francisco das C. Cooperativas de trabalho e relação de emprego. *Trabalho em Revista*: O Trabalho. Curitiba, Decisório Trabalhista, fascículo n. 45, p. 1.057-1.068, nov. 2000.

LORENZETTI, Ari Pedro. *A responsabilidade pelos créditos trabalhistas*. São Paulo: LTr, 2003.

M

MAGANO, Octavio Bueno. *Manual de direito do trabalho*: direito individual do trabalho. 3. ed. São Paulo: LTr, 1992. v. 2.

MANNRICH, Nelson. *A modernização do contrato de trabalho*. São Paulo: LTr, 1998.

MARTINS, Sergio Pinto. *A terceirização e o direito do trabalho*. 3. ed. São Paulo: Malheiros, 1997.

MARTINS, Sergio Pinto. *Comentários à CLT*. 10. ed. São Paulo: Atlas, 2006.

MARTINS, Sergio Pinto. *Direito do trabalho*. 5. ed. São Paulo: Malheiros, 1998.

MARTINS, Sergio Pinto. *Direito do trabalho*. 26. ed. São Paulo: Atlas, 2010.

MELO, Raimundo Simão de. Cooperativas de trabalho. *Decisório Trabalhista*. Curitiba, Decisório Trabalhista, v. 27, p. 9-16, out. 1996.

MEIRELLES, Hely Lopes. *Direito Administrativo brasileiro*. 26. ed. atualizada por Eurico de Andrade Azevedo, Délcio Balestero Aleixo e José Emmanuel Burle Filho. São Paulo: Malheiros, 2001.

N

NASCIMENTO, Amauri Mascaro. *Curso de direito do trabalho*. 19. ed. São Paulo: Saraiva, 2004.

NASCIMENTO, Amauri Mascaro. *Curso de direito do trabalho*. 24. ed. São Paulo: Saraiva, 2009.

O

OLIVEIRA, Francisco Antonio de. *Consolidação das Leis do Trabalho comentada*. 2. ed. São Paulo: RT, 2000.

OLIVEIRA, Paulo Eduardo Vieira de. Sujeitos da relação de emprego: o empregador. In: GIORDANI, Francisco Alberto da Motta Peixoto; MARTINS, Melchíades Rodrigues; VIDOTTI, Tarcio José (Coord.). *Fundamentos do direito do trabalho*: estudos em homenagem ao Ministro Milton de Moura França. São Paulo: LTr, 2000.

P

PLÁ RODRIGUEZ, Américo. *Princípios de direito do trabalho*. 3. ed. Tradução e revisão técnica: Wagner D. Giglio. Tradução das atualizações: Edilson Alkmim Cunha. São Paulo: LTr, 2004.

PRUNES, José Luiz Ferreira. *Trabalho terceirizado e composição industrial*. 2. ed. Curitiba: Juruá, 2000.

S

SOUTO MAIOR, Jorge Luiz. A terceirização sob uma perspectiva humanista. *Revista de Direito do Trabalho*, São Paulo, RT, ano 30, n. 115, p. 93, jul.-set. 2004.

SOUTO MAIOR, Jorge Luiz. Ainda as cooperativas de trabalho! *Trabalho em Revista*: O Trabalho. Curitiba, Decisório Trabalhista, fascículo n. 60, p. 1.423-1.425, fev. 2002.

SOUTO MAIOR, Jorge Luiz. A jurisprudência como fonte do direito e seu efeito paradoxal de negação do próprio direito. In: ARRUDA PINTO, Roberto Parahyba de (Coord.). *O direito e o processo do trabalho na sociedade contemporânea*: homenagem a Francisco Ary Montenegro Castelo. São Paulo: LTr, 2005.

SOUTO MAIOR, Jorge Luiz. Implicações da terceirização no processo do trabalho: legitimidade; condenação solidária ou subsidiária e intervenção de terceiros. In: SOUTO MAIOR, Jorge Luiz. *Temas de processo do trabalho*. São Paulo: LTr, 2000.

SÜSSEKIND, Arnaldo. *Direito internacional do trabalho*. 3. ed. São Paulo: LTr, 2000.

SÜSSEKIND, Arnaldo; MARANHÃO, Délio; VIANNA, Segadas; TEIXEIRA FILHO, João de Lima. *Instituições de direito do trabalho*. 18. ed. São Paulo: LTr, 1999. v. 1.

SÜSSEKIND, Arnaldo; MARANHÃO, Délio; VIANNA, Segadas; TEIXEIRA FILHO, João de Lima. *Instituições de direito do trabalho*. 18. ed. São Paulo: LTr, 1999. v. 2.